ZIZHU XUEXI

技工院校通用职业素质课程实验教材

自主学习

（修订版）

主　编　朱　漫　董　浩
副主编　龙　莉　陈　波　李志梅
参　编　阚元华　寿丽君　张　立　王　华

中国劳动社会保障出版社

图书在版编目（CIP）数据

自主学习 / 朱漫，董浩主编. -- 2 版（修订本）. -- 北京：中国劳动社会保障出版社，2021

技工院校通用职业素质课程实验教材

ISBN 978-7-5167-3342-4

Ⅰ. ①自… Ⅱ. ①朱…②董… Ⅲ. ①自学 - 学习方法 - 技工学校 - 教材 Ⅳ. ① G791

中国版本图书馆 CIP 数据核字（2021）第 037328 号

中国劳动社会保障出版社出版发行

（北京市惠新东街 1 号 邮政编码：100029）

*

北京市艺辉印刷有限公司印刷装订 新华书店经销

787 毫米 × 1092 毫米 16 开本 9.5 印张 129 千字

2021 年 3 月第 2 版 2024 年 11 月第 13 次印刷

定价：18.00 元

营销中心电话：400-606-6496

出版社网址：http://www.class.com.cn

http://jg.class.com.cn

前言

技能人才是我国人才队伍的重要组成部分，也是实施人才强国战略、就业优先战略和创新驱动发展战略不可或缺的支撑力量。着力培养高素质劳动者和技术技能人才，对于迈入新时代、培育新动能、实现经济社会高质量发展具有十分重要的现实意义。

党中央、国务院高度重视技能人才队伍建设。党的十九大报告提出要建设知识型、技能型、创新型劳动者大军。2018 年国务院下发的《关于推行终身职业技能培训制度的意见》中，明确提出要“强化工匠精神和职业素质培育”。技工院校是培养技能人才的摇篮，加强通用职业素质课程建设，是弘扬劳模精神、劳动精神和工匠精神，促进学生养成良好职业素质的有效途径，更是强化“德技并修、工学结合”育人机制，落实立德树人根本任务，提高技能人才培养质量的重要举措。

通用职业素质是从业人员除岗位所需要的专业知识和技能外，在职业活动中所表现出来的最关键、最核心的综合品质和能力，是从业人员职业理想信念、职业基本意识、通用职业能力、通用职业知识等方面的综合体现。技工院校通用职业素质课程由自我管理、自主学习、理解与表达、交往与合作、信息检索与处理、企业管理与企业文化、就业指导与实训和创业创新指导与实训等模块组成，着重体现职业素质在宏观意识和一般方法上的导向作用，为专业课程中的职业素质融合运用提供方法论基础。通过公共课的系统学习和专业课程的情境应用，从而在学生职业素质培养上形成双管齐下的叠加效应。

本课程以学生终身职业发展为目标，以实用性、有效性和综合性为原则，根据职业发展所需要的各项通用职业素质构建课程体系和内容，以学生为主体进行教学设计并安排教学活动，强化学生通用职业能力的培养。表现出以下几个鲜明特点：

第一，以学生需要为中心。课程内容设置紧密围绕学生在职业素质方面的主观需要和客观必需，帮助学生明确学习目标，确立养成途径，最终适应岗位和职业发展需要。教学活动注重凸显学生的主体地位，通过引领学生自主探究和实践，获得价值体验，在行动中内化观念、意识和知识，逐步掌握方法，增强能力，提升素质。

第二，以职业发展为核心。课程目标设定、模块架构、教学实施和学习评价均指向帮助学生获得更好的职业发展。课程的功能定位是在职业理想信念驱动下的职业基本意识和通用职业知识的综合运用，为学生就业、转岗、创新创业提供支撑，满足学生职业发展的素养要求。

第三，以能力培养为重心。坚持以能力本位、问题导向为原则，课程内容不追求知识体系的完备性，不灌输不必要的概念性、理论性知识，尽量避免生硬的理论阐述。聚焦解决职业活动中的实际问题，将知识传授与能力训练相结合，通过案例分析、任务引领、项目训练等活动教学，重在培养通用职业能力，侧重考察实践过程和结果，引导各项素质培育有机融合，相互促进。

通用职业素质课程是全新的课程，教材也在实验与完善中，希望各地各校在教学实验中总结经验，提出修改和完善的建议。

本课程提供配套线上资源，可登录 http://jg.class.com.cn 观看或下载。

目录

第一单元

开启自主学习的旅程

我们的一生离不开学习，态度与价值观是学习动力的重要因素。正面积极的态度能够坚定信念，克服困难，实现自己的学习目标。知识浩瀚无边，我们无法学得一切。学什么，不学什么；何时学习，何时不学习；向什么人学习，不向什么人学习？选择的依据在于个人的价值观和目标，选择的结果决定你的学习效率和质量。

巴西著名作家保罗·柯艾略《牧羊少年奇幻之旅》中有这样一句经典的话：“当你真心渴望某样东西时，全宇宙都会来帮忙。”通过本单元的学习，我们会重新思考学习对于自身的意义，知晓自主学习将与我们终生相伴，懂得动机是如何促进我们学习的。结合练习与测评，发现自身学习兴趣所在，调动学习的动力，主动、有目标地学习，为自己的人生奠定基础。

第一课　唤醒自主学习的意识

学习目标

1. 了解学习及自主学习的意义。
2. 懂得如何做到自主学习。

翻转课堂

本课导读

唤醒自主学习的意识

- 为什么要学习（第 6 页）
  - 自身成长的前提
  - 自由选择的权利
  - 持续发展的动力
- 什么是自主学习（第 7 页）
  - 确定学习目标
  - 制订学习计划
  - 选择学习方法
  - 利用学习资源
  - 监控学习过程
  - 评价学习结果
- 为什么要自主学习（第 8 页）
  - 承担必须的责任
  - 成就个性化的自己
  - 创造自己的生活
  - 适应当下的学习与工作环境
- 如何做到自主学习（第 10 页）
  - 珍视期望，明确学习目标
  - 学会自律，加强自主学习意识
  - 调控过程，提高学习效果

阅读案例，并回答问题。

心理学家马斯洛曾对成功者的特质进行研究，他发现成功不是名人的专利，普通人也可以使自己的生活美满、充实并有创造性。马斯洛把这种充分发挥个人潜能的过程称为自我实现。在不同职业的人群中，都能找到自我实现者。自我实现者有很多品质是一致的，主要表现在：

· 正确认识现实的能力。对现实情境有准确的判断，能诚实提出自己的观点，避免虚假和欺骗。

· 愉快接受自我、他人和自然。能勇于承认自己的缺点，接受现实的自我。用幽默和容忍的态度接受他人的缺点和生存的现实环境。

· 自发性和创造欲。超出常人的活力、积极性和自发性。

· 以任务为中心。全部注意力集中于正在进行的工作或事业。

· 自主性。富有智慧和独立精神，不屈从于强权，不盲从于他人。

· 好奇心和不断深化的生活体验。对于生活中的一切都感到好奇，并且每一次经历都能产生新的体会。

· 享受孤独。在与他人保持良好人际关系的同时，自我实现者享受独处的时光。

自我实现是一个不断发展的过程，每个人的自我实现都取决于自身的艰苦努力、自我学习以及耐心等，它让人们意识到终身学习的意义。

思考：

1. 下列生命线图表描绘了全球人类平均寿命，请在该图表中标注你认为合适的、可以代表该年龄特征的时间段：①童年；②青少年；③青年；④成年。

2. 你认为在青年阶段最重要的事情有哪些？请按照重要的程度列举3 ~ 5件事情。

3. 了解追求自我实现的人共同具备的品质后，思考：这些品质中哪些是你认为自己在现阶段有希望具备的或有意愿去尝试具备的？

一、为什么要学习

（一）自身成长的前提

哲学家罗素曾说过：“须知参差多态，乃是幸福的本源。”这句话于世界而言，是体现物质世界的多样性，意味着无限生机；于个人而言，是保持自我的独特性，意味着无限可能。

每个人都是在不断的成长中，有的人虽然年龄、身高在增长，但学识、能力却原地踏步甚至倒退，究其原因，即是缺少学习。学习，能扩大我们的视野，促进我们深入思考，懂得生活的道理和做人的原则，获得生存的本领和成长的基础。

（二）自由选择的权利

努力学习的意义不在于与别人比成就，而是为了自己将来拥有更多选择的权利，能够选择更有意义的工作，而不是被迫谋生。

所有工作、事业都是光荣的、有意义的，但对个人而言，有适合与不适合、感兴趣与不感兴趣之分。要想在事业上实现个人的自由选择，就需要持之以恒的学习，使自己时刻具备一定的竞争力。一个人只有具备一定的能力，才能够不再被人挑选，而是能够实现个人选择。

（三）持续发展的动力

社会在飞速发展，新知识与日俱增，各行业在发生深远的变革，很多岗位对人才的需求也在不断变化。要适应这诸多的变化，只有去了解这些前所未知的事物。信息时代提供了充分的便利条件，学历、背景不会成为阻碍我们成长的因素，每个人都可以在网络上找到匹配的学习资源，找到和自己一样好学的人，甚至还能找到那些优秀信息资源的提供者，向他们讨教更多的经验。学习为我们一生的持续发展提供了动力源泉。

二、什么是自主学习

钱伟长是我国近代著名力学、应用数学的奠基人之一。当年，他考上清华大学，文科成绩非常优秀，选了中文系。没想到不久之后发生九一八事变，他觉得读文不能救国，想转系改念物理。物理系主任吴有训教授查看他入学考试的成绩，物理才考 15 分，中文、历史考满分，建议他还是进中文系，说学文也可以救国，物理系难念，许多人会被淘汰。钱伟长执着地站在那里不走。后来，吴有训走到哪里，他跟到哪里，吴有训没办法，向他提出条件，第一年的大学普通物理、微积分、普通化学三门课都要过 70 分。这一年，钱伟长一天最多睡 5 个小时，从中学的物理、化学、数学微积分开始自学，起初用学中文的方式死记硬背，但效果非常不好。他去请教学得好的同学，同学告诉他学习不能死记硬背，需弄懂，要多思考，并且还告诉他如何记笔记最有效。钱伟长凭着刻苦的精神和科学的学习方法，最终达到吴教授的条件，4 年后毕业，又考取了清华大学物理系研究生。

钱伟长为达到吴有训教授提出的条件，在自己要学、自己想学的前提下，自主选择学习内容，选择合适的学习方法，自己管理学习时间，这个学习过程就属于自主学习。此外，为达到学习目标还需对学习过程做出自我监控，检查自己的学习是否有良好的效果，并常常对学习过程进行反思，实现将书本知识转化为属于自己的技能或学习体验。

每个学习者都是具有相对独立性的人，学习是学习者自己的事、自己的行为，是任何人不可替代的。同学们在课堂上的学习多是在老师指导下进行，学习目标、学习内容、学习环节都是在老师的引导与督促中完成的。自主学习则是学习者根据自身优势和需要，自主制定学习目标，规划学习内容、学习进度等，从而实现自己的目标。自主学习是自己要学，自己想学，自己会学。

综上所述，自主学习是指学习者自觉主动地确定学习目标、制订学习计划、选择学习方法、利用学习资源、监控学习过程、评价学习结果的过程。长期坚持自主学习，可培养自身较强的学习能力，成为善于学习、热爱学习的人。

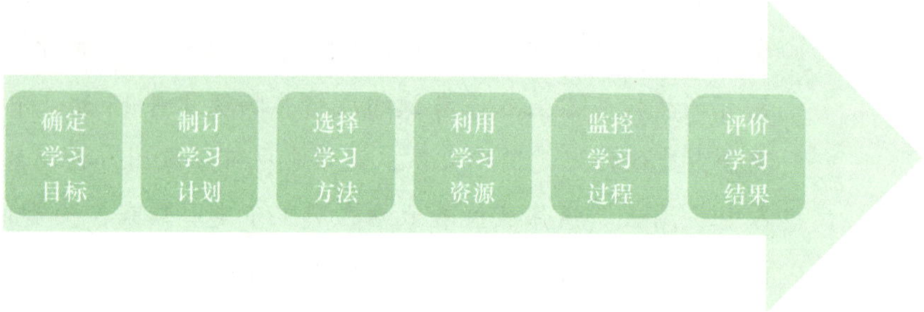

三、为什么要自主学习

（一）承担必须的责任

小时候，父母安排我们的一切。当我们成年后，我们自身就要肩负起生活、工作等方方面面的责任。我们如何才能承担起这个责任？必须学习。从书本上学知识，学会如何思考；从生活中学习生存的技能，学习如何为人处世。我们在生活、工作中的角色不断变化，可能由学徒成为一名主管，也可能成为孩子的父母，个人原有的知识、技能不能满足变化了的角色、身份的需要，必须靠自己安排学习内容、学习时间，迎接在工作和生活中遇到的新挑战。如学习如何成为一名优秀的员工，做好自己的本职工作；学习如何带领一个团队，共同创造效益；学习如何做好父母，让孩子身心健康成长。

（二）成就个性化的自己

自主学习一方面有助于个人职业发展，促进个人成长；另一方面又能够丰富生活，增添乐趣。当我们喝到一杯醇香的咖啡，可能会想为何不自己试着学一学冲咖啡，以此和好友共享温馨时刻；当我们学会摄影，旅行时便可以为父母、朋友拍下美好的瞬间，留下永恒的记忆。只有学会自主学习，增进自身本领，提高自身素质，才能成就独特、丰富的自己。

（三）创造自己的生活

一位企业家在一次演讲中说，他父亲曾经告诉他，必须得有一技之长，一技傍身，那么走遍天下都不怕。多年后，这位企业家的认识却和他父亲刚好相反。他认为，一技之长在20年后可能就无处施展，不改变自己，可能都不知道该干什么，如今职业更新迭代，大批就业岗位消失，这都很正常，需要早做准备，今天掌握的专业技能，20年以后可能这个专业都不一定存在了。要安排好自己的人生，就要提早学习、主动学习，并规划好自己现在要做什么、未来想做什么，需要具备什么素质，如何面对变化、面对成败。只有将自主学习的意识和习惯保持终身，将所学所思运用到生活工作中，才能从容应对，享受生命中的变化和馈赠。

（四）适应当下的学习与工作环境

我们来到技工院校学习，身边没有了家长的督促，老师也不像中学时期那样时时紧盯我们的学习。正是在这样的环境下，学习效果有赖于个人自主学习习惯的养成。要适应学校的学习环境与社会需要，必须尽早养成自主学习的习惯，掌握自主学习的方法与技巧。还要经常反思和总结自己的学习方法，能梳理出关键的元素，构成系统的体系，运用到自己的工作和学习中。

四、如何做到自主学习

（一）珍视期望，明确学习目标

珍视自身的期望，能帮助自己找到学习奋斗的目标。

林荣就读于某技师学院营销专业三年级，学习之余他时常思考：如果走向社会，自己的竞争力是什么？一次去图书馆翻阅资料时，一个问题测试吸引了他："你是一家企业的面试官，面试了几位候选人，他们的专业能力、管理水平、学习能力、工作经验都符合要求，性格、沟通能力也都不错，但公司只有一个名额，为有更好的选择，请问你会增加一个什么评判标准？"林荣结合自己的专业给出的答案是："招那个写作最厉害的人。"他认为写作是职场人的基础核心能力，作为一名营销人员，优秀的写作能力会帮助个人更好地完成工作，赢得更多的机会。为此，他报名参加了写作培训班，利用周末时间持续学习了4个月。培训期间要完成大量的作业，能坚持下来的人并不多。林荣认识到写作能力对于个人在职场发展的重要性，他坚持学完了所有课程，并且要求自己每天晚上都记录下当天的收获和思考。4个月过后，林荣的写作能力有了很大的提高。

要做到自主学习，首先要对自己有所要求，要有明确的目标，并能坚定地追求目标。持有这一信念，才能促使我们在任何环境中都能坚持自主学习，遇到困难积极寻求方法，不断反思学习所得，直至目标达成。

（二）学会自律，加强自主学习意识

自律是自我约束或规范，它约束、规范学习者的学习行为，促使学习者持之以恒、不断进取。

有些同学晚修时想着"今晚一定要学习"，可忍不住还是把手伸向了手机，刷起微博，玩起游戏，放下手机已是深夜，只好安慰自己

“明天再学吧”。到了第二天，却是前一天生活一模一样的重复。长此以往，每天以手机为生活中心，浪费时间，一无所获。

如何做到自律？

首先，要明确目标，明确当下需要做的事情。只有明白自己该做什么，才能时刻提醒自己向着这一目标而努力。比如，当你决定在技能比赛中取得好成绩，你会为了这个目标努力，如果没有这个目标，你会认为天天睡懒觉、玩游戏也没什么不妥。

其次，要有勇气和自信，相信自己可以做到。完成一件事是不容易的，情绪、欲望等时常阻碍自己前进，要敢于面对困难和错误，一步一步积累学习的经验，通过一次一次的自我克制，坚持努力，取得成绩，让自己更自信。

再次，管理好自己的精力。人的精力和时间都是有限的，要追求学习的效率。在精力最旺盛的时候做最重要的事情，疲倦的时候做次要的事。

最后，设立“冷却时间”。当面对诱惑无法按计划学习时，给自己设立一个“冷却时间”，即延迟满足，等 10 分钟后再做决定。这 10 分钟内，可以想想自己制定的长远目标和近期目标，让自己逐渐冷静下来，以抵抗诱惑。

（三）调控过程，提高学习效果

自主学习的过程需伴随自我调控。我们确定的学习目标、选择的学习内容和学习方法等在学习活动中是否能达到预期目的，都需不断进行审视，以检查学习效果。

当你遇见特别的场景，也许会用手机拍下来，然后查看拍照效果，如果没达到自己的预期，会重新选择角度再拍几张，比较后选出满意的照片。学习的过程也是一样的。有的同学在学年开始时会给自已制订一份学习计划，写明自己在上学期学习的强项和弱项，进而考虑在本学期采用什么方法、策略来学习，希望在哪些方面有所改进。通过周期性记日记的方式，记录自己的学习过程，持续完善自己的学习计划。这样有目标且持续监控效果的学习，可以逐步清晰、完善已经理解和尚未理解的内容，最终实现学习目标。

记录和反思是监控、检测学习结果常用的方法。记录学习过程是对自己学习的一种反馈，可以用一张纸记下你想要改变的行为发生的次数，也可通过手机软件进行打卡。坚持记录能帮助自己打破固化模式，激发自己进步。反思则常通过自我提问来进行。例如，学习某部分内容之前，写出最困惑的问题；学习之后，判断问题解决的情况：哪些问题尚未解决？产生了哪些新问题？不能按预定计划学习是自身情绪的影响还是环境导致？需要怎样调整？通过这些思考，能了解自身理解知识的能力，也能看到自己学习动机、情绪状况如何，还能观察到学习时的外部环境状况，在此基础上更易于找到调控最佳策略。

自我调控是自主学习中需要重视的环节。许多同学为学习付出了许多努力，但收效甚微，很可能是因为缺少这一环节。在学习过程中要学会思考、总结，观察自己的学习状态，找到适合自己的学习方法。

活动训练

组织一场动画或视频作品制作比赛（动画或视频作品制作的自学体验）。

1. 从“我的成长”“我的家乡”“我的同学”“我的班级”等题目中任选一个为题，自定主题。

2. 小组讨论，确定内容，进行创作、拍摄，制作成动画或视频，时长5分钟左右。

3. 小组作品展示。

4. 使用演示文稿做汇报，围绕制作主题、成员分工、作品亮点、自学体验、收获与反思等方面进行分享。

5. 比赛要求及评分标准可由小组讨论，经分享交流后与老师共同拟定。

知识巩固

1. 分析下列学习情形哪些有利于自身发展，并说明理由。

（1）进入技工院校，不用参加统一考试了，不用完成很多作业，很自由，学习可以轻松些，至于毕业的事，还远着呢。

（2）在技工院校学习重在学技术，理论基础课不用太花时间。

（3）中考失利，对自己没信心，找不到学习的动力，就这样糊里糊涂地度过一学期。

（4）技工院校的老师上课与中学老师不一样，有很多内容需要自己去查资料，自主学习，还要制作课件进行汇报，与小组同学共同讨论，分担各个环节工作，看到自己的研究成果得到展示，感觉很棒。

（5）尽管班主任再三告诉我们要主动学习，专业知识和技能是要靠自己去钻研和实践得来，但看到周围很多同学玩游戏、看连续剧，也就放弃了。

（6）既然来到技工院校就读，就要好好学，认真听课，做好笔记，完成老师布置的任务，争取学到更多知识。

2. 请说说什么是自律，分享自己在学习中自律的经历或方法。

第二课 提升自主学习的动力

学习目标

1. 了解动机的内涵，理解影响自主学习动机的因素。
2. 能运用学习动机有关知识分析自己或他人的学习行为表现。
3. 能发掘自身学习兴趣，提升学习动力。

翻转课堂

本课导读

提升自主学习的动力

- 动机与自主学习（第 17 页）
  - 动机的功能
  - 动机与学习的关系
- 影响自主学习动机的因素（第 18 页）
  - 内部因素（请你填写）
    - ______________
    - ______________
    - ______________
  - 外部因素（请你填写）
    - ______________
    - ______________
- 发现学习的乐趣和动力（第 24 页）
  - 发掘兴趣点，寻找学习乐趣
  - 了解学习目的，发现自身需求
  - 设立合理目标，树立榜样
  - 解决实际问题，获得成就感

阅读案例，并回答问题。

2008年，17岁的张文良赴沈阳职业技术学院学习，当时他对所学的模具专业一无所知。2010年，在师傅的办公室，一个“全国技术能手”的奖杯激发了张文良的梦想：“我要有属于自己的实力！我渴望更大的舞台！”从此，他立志勤学苦练参加技能大赛。他所学的模具专业实习课以钳工为主，钳工训练枯燥而辛苦，一个站姿就要练很多天。张文良非常有心，站姿正确后，便让同学将他的脚印画出，以后每次练习，就有了标准。每天晚上，他都“猫”在车间里单练。

经过不断的努力，在第三届全国技工院校学生技能大赛中，张文良初出茅庐就获得了“雏鹰奖”。手握“雏鹰奖”，工作不难找，但他却放弃了月薪3 000元的工作，选择在月薪1 200元的技师学院附属工厂上班，为的是能多接触各种设备，能有机会参加比赛。他把全部时间和精力都花在提升技能上，白天工作跟着设备跑，晚上休息时就到工厂的实训基地继续练习。2012年，张文良在“振兴杯全国青工大赛”中夺魁，并荣获当年的“全国青年岗位能手”称号。

2013年，张文良被沈阳造币有限公司破格聘用，成为沈阳造币有限公司特招的第一个高级青年技术人才。几年来，张文良先后对企业设备进行了数十项改进。面向未来，张文良感到自己的责任更大了：“原来更多的是自己去钻、去攀、去往前走，现在想要帮助更多的人进步。”

思考：

1. 张文良勤奋、持久的自主学习技术、提高技能的原因是什么？当他作为高级青年技术人才被沈阳造币有限公司破格聘用后，是什么原因促使他对企业设备进行数十项改进？

2. 根据对动机的理解，请判断下列哪些内在需要更为强烈地引发了张文良自主学习、不断奋斗的行为。

A. 安全　B. 尊重　C. 归属　D. 成就　E. 友情

F. 权利　G. 胜任　H. 自主　I. 赚钱　J. 享受乐趣

3. 动机可以帮助我们解释自己的行为，请尝试从需要、动力、目标等角度来阐述自己的某些行为，观察它们对你的行为产生的影响。

一、动机与自主学习

动机就像是一辆汽车的发动机，它是以一定方式引起和维持人们的行为活动，并使活动朝向某一目标的内部动力。动机往往是在需要的基础上产生的。例如，人饿了、冷了、累了的时候，身体内部的平衡状态受到破坏，感到缺乏食物、缺少御寒衣物或需要休息，此时生理的需要就以意向、愿望的形式指向于某种对象（食物、衣物、床等），并激发起人的行为活动，这种需要便转化成人的行为活动的动力。

动机有两种功能：第一，唤醒与维持功能。以张文良为例，张文良看到师傅办公室的奖杯，使他对荣誉的向往、自我价值的实现、成功的渴望处于较高的唤醒状态，这种唤醒状态一直引导他的学习、训练等行动，他的技能因此不断得到提升，在比赛中屡屡获奖，逐步实现了自己的目标，满足了内心的渴望。第二，指向功能。动机水平高的个体其思想和行为更集中指向满足需要的事务或活动上。例如，一名球探与一名普通球迷同看一场足球赛，因为球探有强烈的动机——寻找合适的球员，其行为指向与普通球迷不同，他将注意力集中在他关注的球员的表现上。这种指向功能就如探照灯一般可以帮助我们更快地进入自己想涉足的学习领域。

动机推动我们积极主动地学习，以达到预期的目标。当我们认为学习有诸多益处时，对学习就有了较强的期待，产生了学习动机。有了学习动机，就能促使我们主动制订学习计划，确定学习内容，采取相应策略完成学习任务。

动机促使我们通过自我管理维持自主学习行为。动机会激发我们自主学习的兴趣，提高自主学习的能力。因此，我们愿意主动学习，不为自己逃避学习找借口，享受自主探究的乐趣。

二、影响自主学习动机的因素

（一）内部因素

1. 兴趣和好奇心

人们常说：兴趣是最好的老师。所谓兴趣，是人们认识某种事物或从事某种活动时的选择倾向和主动探究的态度，它伴随着愉悦的情绪体验。学习兴趣、好奇心是人们自主学习的兴奋剂，也是学习的动力之源。

朱蒂去沙滩散步，沙滩正处于退潮，她发现许多烂泥裹挟着蛤蜊壳碎片，她想从这些碎片中发现几只活的蛤蜊，结果寻找了一阵，一只活的也没见到。她直起身子时，眼前有一道水柱喷射而起。她上前察看，在喷水处除了一些烂泥并没有发现什么生物。她的记忆中只有乌贼和射水鱼会喷水，没听说还有其他生物会喷射水柱，这烂泥里能有什么？她抬头远望，发现沙滩上类似的水柱此起彼伏，整个退潮后的沙滩简直就像是在过泼水节。

朱蒂回到城里，路过一家书店，她走进去浏览一个个书架，发现一本《太平洋贝类指南》。她以前没有关注过动物学，但她想这本书里一定有她想知道的有关蛤蜊的信息。果然，关于蛤蜊是否会朝天喷水，她在书里找到了答案：蛤蜊会喷水，它们生活在浅海的泥沙中，只有死掉的才会显露到沙滩上。

如果你看到这番场景，你会想些什么？做些什么？

支配朱蒂学习行为的动机是什么呢？

朱蒂注意到海滩上特别的喷水现象，她对这种现象产生了好奇，并思考为什么会有这种现象。当自己已有的知识和经验不能满足这种好奇时，她来到书店有目的地寻书，在查阅《太平洋贝类指南》一书时，她带着疑问寻找答案。在整个过程中，指引朱蒂行为的是来自她本身的好奇心引起的思考，她好奇于沙滩喷水现象，迫切想得到答案，满足自己的好奇心，这就构成了朱蒂学习的内部动机。由好奇进而产生追问，然后更深入地了解，最终找到了答案，即完成了一次自主学习。

兴趣和好奇心是自主学习的最佳引导者，在互联网时代，强大的网络检索帮助我们随时随地获取新的知识，引导我们进入自己感兴趣的知识领域，并进行探索。

2. 目标取向

王晓学习很努力，每次考试或比赛都希望自己的成绩比其他同学好，总想超过别人。如果哪次别人比她考得好，她心里就会不舒服；如果她比别人考得好，就会无比兴奋。同桌刘同的学习成绩也很好，但他对学习内容的深度和广度更感兴趣，他时常主动找老师谈学习中遇到的问题，查找相关资料，不断扩大自己的知识面，在解决难题中获得进步，他认为这才是学习。

请分析王晓和刘同的学习行为，比较他们学习目标的不同之处。你认为哪种目标取向更有利于自身成长？

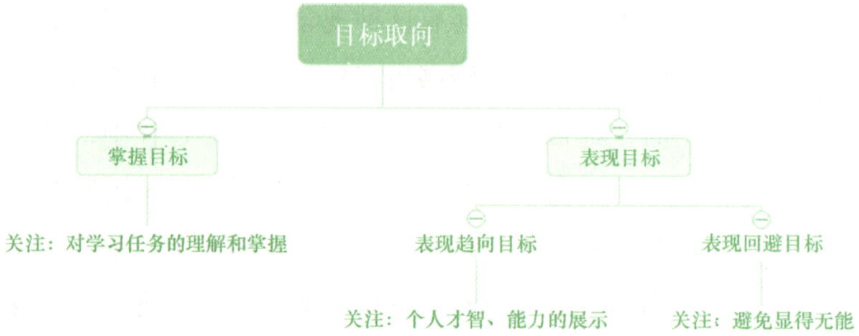

掌握目标关注的是对学习任务的理解和掌握，更注重自我提升而不是自我肯定，是用“进步”来要求自己，以做出了多大努力来评估自己。拥有这种目标的学习者能完全融入学习活动，挖掘自己思维的潜能。面对困难和不满意的成绩，不会因此怀疑自己的能力，会寻找更可控的原因，诸如调整学习方法，或者找个高手请教疑难问题等。刘同的学习动机就属于这一类，他关注的重点是自己对所学知识的掌握，更享受知识本身以及个人能力增长带来的乐趣，也就是我们常说的享受过程，这使他在学习的专注力和持久性方面会更胜一筹。当我们聚焦在“进步”而不是“表现”时，面对较为复杂的学习任务或压力会更倾向于坚持，甚至在遭遇失败时也不会因此失去动力。

表现目标可细分为表现趋向目标和表现回避目标。

表现趋向目标是很多人倾向于选择的目标类型。学习者关注个人才智、能力的展示，希望通过取得超出别人的成绩以证明自己的能力，关注的是特定结果，比如考试得分或比赛名次等。表现目标的特征是非赢即输：比赛拿到名次，意味着成功，有才华，能力强；没拿到名次，意味着失败，不够聪明，没有价值。表现趋向目标对于我们学习动机的影响有利也有弊。它对学习有一定的促进作用，与掌握目标并不对立。人们大多有胜过他人的愿望，这是推动人们从事各种活动的动力源泉。学习者通过超越别人来证明自己的能力和价值，这种自我肯定的信息有助于学习者发挥他的最佳状态。但是，表现趋向目标在带给人动力的同时也削减了学习者面临困境时的灵活性。对社会比较（或同伴竞争）的过度关注会分散学习者对学习任务的投入度，如果某一次成绩不如意，焦虑、担心等负面情绪就伴随其后，自信心也大受打击。如果多次失败，又不及时调整自己的心理状态，则有可能转向表现回避目标。

表现回避目标关注的是如何避免在别人面前显得自己无能或能力低下。由于此类目标取向的学习者总是把精力集中于避免使自己表现失败上，学习成绩不要比大多数人低就好，潜意识里是不够自信，因此往往不愿努力，常采用自我阻碍策略，如拖延学习、确立无法实现的目标，以回避挑战来避免失败。遇到挫折时，负面情绪比较强烈，并影响后续目标的确立。有些同学由于害怕别人对自己的负面评价，更多地会选择退缩、回避求助的方式，长期下去，会影响自身的学业和自己的自信心。

3. 归因方式

在日常的学习和生活中，我们会体验到成功的喜悦，也会经历失败后的伤心。当考试没考好或比赛失利，我们会分析、寻找失败的原因，如“这次准备不充分，没发挥好”或者“考试题目太难了”。这种对造成行为结果的原因的追溯就是归因。它会决定人们如何评价自己的行为表现，还会影响人们未来学习动机的形成及行为的结果。

小李和小王两个人打羽毛球，第一局小李赢了，输掉的小王在一边嘀咕：“刚刚要不是我听到电话响走神，我就能接到球，扣下去，你肯定接不着。”他将失败归因于手机的铃声。第二局小李又赢了，输掉的小王说：“呵呵，有本事再来一次，这次算你运气好！”第三局小李输了，小王赢了，他哈哈大笑：“怎么样，我说过了，你只是运气好而已！”这时小王将成功归因于自己的技术高，前两局输球只是走神和运气不好。第四局小李赢了，小王咬牙说：“再来！”小王此时心理已经有所动摇。第五局依然是小李胜，小王说：“可能好久没打球，状态不行，今天算了。”

小王输球，他会找失败的原因，这个认知过程就是归因过程。如果小王把输球归因为“我笨，技不如人”，他会感到沮丧，自尊受伤，可能就会放弃与小李的对垒；当他把输球归因为手机铃声、运气这些外部原因的时候，他仍然会抱有期望，会有继续打下去赢球的动机。不过，把输球仅归因为走神、运气不好，也会造成盲目乐观。要提高自己的球技，还需从自身努力及策略的使用上找原因，经过反复训练，他的球技才能有进步。

由于环境、自身条件、经历等不同形成的认知水平差异，人们在面对失败时，行为、思想等方面往往会有不同的反应。一般情况下，人在经历成功或失败后，大多会将行为结果的成败归结为能力高低、努力程度、身心状态、运气好坏、环境的影响等原因。其中，能力高低、努力程度、身心状态等属于内部因素，运气好坏、环境的影响等属于外部因素。

不同的归因方式对我们的学习动机会有怎样的影响？有研究发现，不同的归因方式与特定的情感反应联系在一起。

学习者如果把成功归因为能力、努力、身心状态等内部因素时，能体验到自信、自尊和对自我的充分认可，增强挑战困难的信心；如果把成功归因为外部因素时，则会降低对自我价值的认可度。

如果把失败归因为内部因素，认为自己能力不足，会产生自卑、无助的情绪，对自己的努力也持否定态度，感到内疚、羞愧，受挫感强烈，担心下次还会失败；如果将失败归因为外部因素，会感到气愤、怨恨他人，觉得自己不走运，对自我能力和价值的否定程度较弱，在某种程度上是对自尊的一种保护，对完成下一学习任务仍抱有期望。

导致行为结果的原因是客观存在不可更改的，但我们对它的认知和解释却是主观的、可以改变的。积极的归因有利于学习动机的激发和自信心的培养。大多数人对成功概率不确定是因为他们怀疑自己的能力，这种不自信往往是不必要的。一个人能否实现目标与其能力的高低并没有绝对的关系，勤奋、坚持等品质往往更为重要。

（二）外部因素

1. 身边人的影响

在现实生活中，家人和老师、同学和好友、身边的榜样等对我们学习动机的产生有着不可忽视的影响。

家人、老师和好友对你寄予过哪些期望，你是否为此努力？

家人和老师因其与我们之间特殊的关系，会对我们抱有很多的期望。例如，当老师多次用坚定的眼神暗示：你能行！你会因此按照老师的期望来调节自己的学习态度和行为。如果我们常感受到的是老师或父母有意无意的否定、失望甚至是贬低，则会形成消极的自我期望，学习的兴趣降低。我们的性格、对期望的敏感度也影响着期望的效应。有较强独立性的人，不易受期望高低影响。另外，随着年龄的增长，期望方面的影响会有所减弱。

同学和好友的言行也会对我们的学习动机产生影响。我们在学校与同学、好友相处的时间往往比与父母相处的时间还要多，选择与什么样的人为友非常重要。

刘晓明是某校电子通信专业的学生，一年级入学时成绩在班上排名前三，每次回答老师的提问，总能引起全班同学的赞叹。三年级时，由于宿舍调整换到另一宿舍，这个宿舍的同学每天组队打游戏，刘晓明也参加了进去，他开始对学习完全没有了劲头。老师、好友多次找他谈话，可他始终不能拒绝游戏伙伴的邀约，成绩直线下降。而与他同班的陈华同学，初入学时不习惯学校倡导的自我管理模式，不知如何安排每天在校的学习生活，成绩很不理想。二年级时，陈华把自己的困惑讲给班长听，班长分享了自己的学习体会，告诉他如何做学习计划，如何实施计划。陈华豁然开朗，开始了自己的自主学习之路，成绩日渐向好，自信心也更足了。

身边的榜样能激发我们学习的动机。与我们有相似经历和背景的同学、朋友等，当他们的学习经历和成绩得到人们的褒奖和肯定，我们认识到他们行为的出色之处和优秀的品质时，会加强自己付诸同样行为的倾向。例如，在班级中某位同学多次代表学校参加技能比赛，克服重重困难取得优异成绩，你能感受到他为了比赛，牺牲了很多休息时间，自主学习了大量相关的专业知识和技能，体会到他刻苦、不怕失败的可贵品质。相较于名人榜样而言，身边的榜样由于其可亲、可信，更易于借鉴和学习，最终将他们的行为和优秀品质内化为自己的思想和行为。

2. 环境的影响

每个人的行为与社会都是密切相连的，我们的学习动机也会受到环境的影响。当今社会，科技迅猛发展，知识更新日新月异，人们面对更多的机遇，同时也面临更多的挑战。为应对未来社会的发展，每个人都应是终身学习者，自主学习的动机也应随着社会的变化而改变。例如，数字技术的发展不仅改变了我们的头脑，也改变了我们的思维方式和行为习惯；网络技术成为每一个人必须具备的能力，我们在社交网站分享、讨论工作和生活已成为常态；互联网上不仅拥有丰富的信息资源，还引发许多互动行为，可以促进大家共同学习、共同进步。

从所处的小环境来看，奖励或惩罚也会影响我们的学习动机。例如，获得“一等奖学金”或“优秀学生干部”等，能体现出我们胜任某项活动的能力，能增强我们的内部动机。

三、发现学习的乐趣和动力

小萌就读于某技工学校文秘专业。她性格内向，甚至有些自卑。有一次，学校举办主持人大赛，通过老师的辅导、同学的帮助，以及自己的刻苦练习，小萌取得了第一名的好成绩。从此，小萌开始积极参加学校举行的各项活动，在学校每年举办的技能大赛中总能看到她的身影；她还成为学校广播电台的播音员，所有编辑、播音工作都要在课余时间进行，虽然很累，但她坚持下来了。这些实践活动也促进了她文化课、专业课的学习。之后，她还担任了学生会学习部部长、广播站站长。由于丰富的校园比赛和实践活动经验，她一毕业就顺利被一家博物馆聘用，当上了解说员。她工作认真、表现突出，多次在单位举办的演讲比赛中获奖，连年被评为优秀工作者。

案例中的小萌同学充分利用课余时间，参加一些感兴趣的比赛和社团活动，在实践中锻炼自己，为她成功就业打下了坚实的基础。

（一）发掘兴趣点，寻找学习乐趣

在心理上有所准备，坚信学习是件有趣的事，可以通过以下方法进行自我训练：

1. 积极暗示，自我激励

一位同学对学习数学毫无兴趣，上课听着听着就昏昏欲睡，为了培养对数学的兴趣，他经常在心里进行自我暗示："数学也挺有意思的。"一段时间之后，他觉得数学不像从前那样枯燥无味了。第二天，他在图书馆借了一本有关趣味数学的书，尝试做书中的一些数学小游戏。再上数学课时他开始认真听老师讲解了，直到后来很喜欢数学，总是急不可待地盼着上数学课。

从案例中我们可以看出，当我们给自己积极的暗示后，就会满腔热情地去做好一件事情。比如，在考试前使用"赢""你是最棒的"等激励语；在学习销售方面课程时，把"微笑""交谈"等词语贴在书桌上方，能够经常提醒我们，达到自我激励的目的。

2. 发掘自身优势

晓斌的父母认为学汽车维修将来好找工作，于是让他报考了某技工学校的汽修专业。口才好、爱交际的晓斌虽然很下功夫，但总对汽车构造、汽车故障排除之类的课提不起兴趣。当晓斌知道了解汽车构造、掌握一定汽车维修知识的人从事汽车销售往往能取得更好的业绩时，他高兴极了，决定今后向汽车销售方向发展。从此，他不但对那些原本觉得枯燥的汽修课产生了兴趣，还想方设法把这些知识与汽车销售联系起来，并选修了营销方面的知识。毕业后，晓斌找到了对口的工作，事业也蒸蒸日上。

晓斌通过结合自身的优点，找到了学习兴趣，从而改变了对学习的态度。

现在，也请你想一想自己的优点，如“我的解题思路很清晰”“我的运算速度是最快的”“我的记忆力比较好”“我的文笔优美”等，淡忘自己的缺点，增强自信心。如果能坚持这样的训练，会使你逐步感受到学习的乐趣。

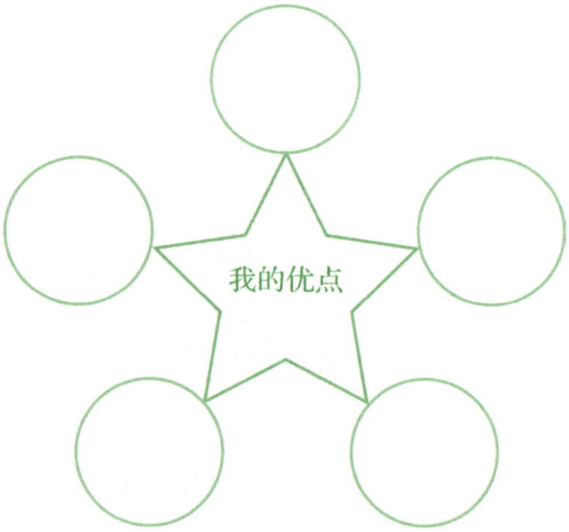

3. 学会兴趣迁移

小敏同学对语文基础知识的学习不感兴趣，但对写作非常感兴趣，她的作文经常被当作范文。有一次语文老师指出了她作文中的几个病句，让她意识到语文基础知识的学习对于写作的重要性。从此，她对语文基础知识的学习有了积极性。

案例中的小敏同学在感兴趣的写作中体会到了语文基础知识的重要性，找到了新的兴趣点，可见兴趣是可以培养、可以迁移的。学习者要根据自身的实际情况寻找自身感兴趣的事情，培养兴趣，发现兴趣，并有效地与学习联系在一起。

（二）了解学习目的，发现自身需求

学习目的是指某学科的学习结果是什么，为什么要学习该学科。技工院校的学习注重专业技能的培养，进入技工院校学习首先要了解自己所学的专业，逐渐喜欢自己的专业，树立较强的专业意识。只有了解专业的培养目标和学习方法，才能逐渐明确自己的学习目标。

彭丽就读于某技师学院国商系。来到技师学院的第一学期，她仍然像在初中那样每天按时到教室听课，完成老师布置的作业，很多空闲时间也不知如何来安排。有一次，她去观看本系举办的秘书风采大赛决赛，看着台上学姐们自如的演讲、优雅的姿态，她意识到文秘工作也能实现自我的价值。由此，她开始给自己设定学习目标，并且有计划、积极地投入到学习中。她内心这股学习的动力非常强，学习时格外专注，学习效果显著。

心理学家爱德华·德西和理查德·瑞恩等人在20世纪80年代提出了自我决定理论。自我决定理论可以解释人们自主学习的动机来源。该理论认为，人们自主学习动机的关键是来自于个体的三种基本心理需要：自主需要、归属需要和胜任需要。

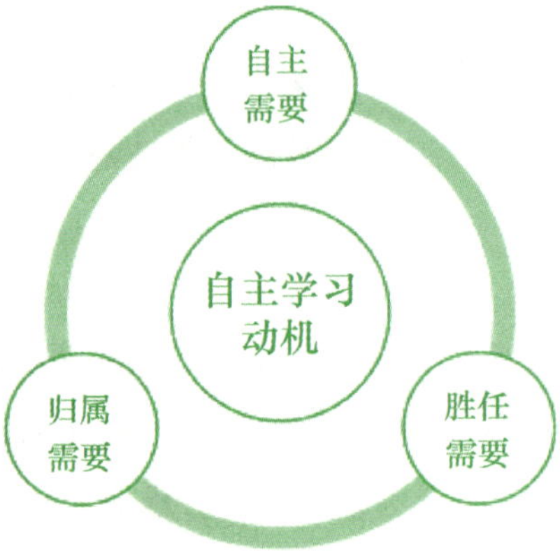

自主需要是指做出的行为是出于自己的意愿，是由自我来决定的。其核心是人们有选择的自由并进行选择，而不是根据别人的意愿或是受他人威胁而行事。这种自主需要引导人们追求符合兴趣爱好、个人天性及核心价值的目标。

归属需要是指感觉到关心他人并被他人关心，有一种从属于其他个体和团体的安全感，能与别人建立起安全和愉快的人际关系。这也是我们一生都在建立人际关系及亲密关系的原因。当一段关系结束时，我们会感到难过和痛苦。我们许多人会通过加入社团、在社交网站上结识新朋友、努力维持好朋友之间的友情等方式，在新的关系或更深的关系中使个人归属需要不断得到满足。

胜任需要是指个人在与他人、任务或活动相互作用的过程中，感到自己能胜任、有能力的需要。能通过个人智慧、社交、体能、情绪、组织等各方面的能力出色完成各项任务，是自我成就感的体验。对胜任需求的追求没有“最好”，只有“更好”。

彭丽同学起初由于缺乏对所学专业的了解，无法看到自身的自主需要，对归属需要、胜任需要的需求也不强烈。当她看到所学专业的魅力所在后，认同了学习的价值，内心的自我需求逐渐清晰，于是开始认真学习专业知识，提升自己的专业技能，决心成为有较强能力的文秘人员。职业的归属感、对专业的胜任需求激发了彭丽学习的动机，学习的投入度自然就高，持久性也强。

（三）设立合理目标，树立榜样

有些同学喜欢读人物传记，传记中主人公的某些经历及人格魅力往往能触动我们，成为我们效仿的榜样，从而获取动力，努力实现自己的目标。榜样的选择，可以是受人尊敬的公众人物，也可以是我们生活中的长辈，还可以是身边的同学、朋友等。我们在与同学、朋友的交流中，了解他们的学习经历及经验，更有亲近感，可以帮助我们解开内心的困惑，激发学习动机。

（四）解决实际问题，获得成就感

中专毕业后走进中国石化的一个裂解车间，24 年来坚守生产一线，刻苦钻研……这些经历属于全国政协委员，中国石化茂名分公司化工分部裂解车间压缩分离班班长、首席技师张恒珍。在 40 多万次操作中保持零差错纪录，获得全国技术能手、中央企业劳动模范、全国优秀共产党员等多个荣誉称号，这些成绩也属于张恒珍。

1994 年，中专毕业的张恒珍被分配到茂名石化裂解车间工作。在人才济济的裂解行业，无论是拼学历，还是论资历，她都得“靠边站”。“学习铁人精神，争做最优秀的石化工人。”张恒珍暗下决心。

立志容易，践行何其难。裂解装置是乙烯生产的“龙头”，负责向下游装置提供原料，操作条件苛刻，高温达 1 200 ℃，低温达 −165 ℃，压力达 13.2 MPa，工艺流程非常复杂，控制参数就有 1.2 万多个，一旦波动将影响全厂生产。

如何把重要而“敏感”的装置操作技术吃透？倔强的张恒珍铆起了劲儿。为了掌握生产工艺原理，她常常挑灯夜读，硬是把十几本技术资料啃下，摘抄的笔记本摞起来有近 1 米高。为了熟记现场流程，她天天“泡”在现场，高达 110 多米的乙烯塔，说爬就爬，塔里 61 层塔盘的分布和设计情况，她是如数家珍。为了不放过任何一个细微的变化，她在操作台前常常一坐就是三四个小时。正是凭借着不怕苦的拼搏精神，张恒珍练就了一手绝活。

2004年12月，茂名石化动工建设我国首座百万吨乙烯生产基地。这是我国首套国产化大乙烯装置，关键设备和技术都是国内研发并首次应用。

如何驾驭这套开先河的国产化裂解装置？张恒珍主动请缨，运用十多年的积累，查出制约装置安全生产的瓶颈问题105个，发现了影响系统开停车和装置正常运行的技术问题556个。“在工作中遇到问题也是对自己的一种激励，每解决一个问题都能获得一种成就感。”张恒珍说。

2007年3月，投用仅半年的装置出现一个令人揪心的问题：脱甲烷塔塔顶带乙烯，导致乙烯产品不合格。大家开始担心：百万吨乙烯会不会停下来？

“没有经验，就自己创造经验！”张恒珍建议，降低塔顶温度，回收乙烯提高产量，减少装置的能耗、物耗，实现优化操作。这个建议理论上行得通，可是涉及设备、工艺设计，以及工艺操作等诸多因素，具体操作难度很大。为攻克这一难关，张恒珍一次次现场确认，一个个操作参数反复调试。

终于，张恒珍找到了处理问题的突破口，不但稳定了装置生产，还使每年增效创收高达3 542万元。她和团队经过一系列技术改造，使这套国产化乙烯装置开出令国内外同行称道的高水平。同时，她把自己多年的操作心得和经验融入实际操作法中，创出了一套独具茂名特色的“1# 裂解装置分离系统张恒珍操作法”。

张恒珍自打走上工作岗位，日夜钻研，甘之如饴，凭着肯钻研和肯吃苦的精神练就了过硬的本领。她通过不断解决工作中的实际问题、破解技术难题，享受到了工作的快乐和成就感。

用学得的知识解决实际问题，能巩固、修正知识，还能带来成就感和喜悦情绪。由学习成功而带来的愉快、惊喜等积极情感，又可以增强学习的自信心，促进学习者产生新的学习需求与更浓厚的学习兴趣。

学习如果不注重运用，所学的知识会显得苍白无力，不易理解和掌握。正如人们所说的：只听不看，记不住；只看不动，不理解。所以，每学完一个知识点后，还要知道这些知识与现实有什么联系，并实际运用。在专业基础课程的学习中，往往会穿插有实践或练习的环节，应抓住每一个将知识付诸实践的机会进行操作练习，将理论与实际紧密结合。

在校期间你曾参加过哪些比赛和社会实践活动？你学到了什么？

活动训练

测查一下你的兴趣处在什么阶段？

–5 级：什么也做不成，什么也不愿意做。

（当一个人遇到挫折，比如考试成绩不理想、和同学关系紧张或生病的时候，就容易出现这种情况。）

–4 级：什么也学不进去，总是在寻找更有趣的事情。

（这是身体健康但却懒惰的人的情况：他们感觉无所事事，总是在寻找“更有趣的”事情。不过，学习积极主动的人有时也有这种情况。）

–3 级：课程学得很吃力。

（能够坐下来做功课，但是做不下去。）

–2 级：做功课时，总是被别的事情打断；脑子里经常出现与功课不相关的想法。

（这是那些勉勉强强、毫无兴趣，不是为了自己而是为了爸爸妈妈、为了老师或是害怕得坏分数而学习的学生的普遍状态。）

–1 级：需要一定的意志力，才能使自己安心地做功课。

（当一个人要靠意志力才能使自己坐下来学习时，这种学习兴趣还是“–”级的。）

+1 级：不需要强迫自己做功课。

（现在到了从“−1”到“+1”的极为重要的转折阶段：不需要强迫自己去学习！出现了兴趣！兴趣的动力发生了作用！现在这个动力在推动学习，愉快的时刻开始了。）

+2 级：做起功课来专心致志到不觉得时间是怎样过去的。

（兴趣越来越浓厚，全部注意力都集中在学习上，看不到周围发生的一切。当然，功课也就会做得更好一些。）

+3 级：总想把功课做得更好些。

（功课做得越好，对质量的要求也就越高。真正的学习就是从这一时刻开始的。如果未曾达到过这个 +3 级，就不会享受到学习本身的快乐。）

+4 级：想用更多的时间来学习。

（学习本身，不管效果如何，开始给人带来愉快的感受，学习变成了一种享受。）

+5 级：产生功课创新或工作创新的想法。

（出现了改进学习方法的各种想法。一旦有了创新的想法，一个人就能够做出他自己也意想不到的事情，发挥出自己的内在潜力。）

说明：级别越高，兴趣越稳定，学习效果越好。

知识巩固

1. 阅读案例，完成问题。

我叫小新，自从上了技工学校就读机电专业后，学习上遇到的困难使我的心情变得很沮丧，对学习失去了信心。

一些专业课的知识对我来说非常陌生，一时难以掌握，使我对专业课产生一种厌烦感。每当上这些课时，就感觉心烦意乱，整个人不自在。我的学习成绩也因此一塌糊涂。我真的不想再念下去了，已经有退学的打算。我找不到正确的学习方法，不能理解所学的内容。我的脑子一片混乱，我应该怎么办？

请根据小新的表述，诊断小新在学习兴趣方面出现的问题，给他写一封信，让他重新树立起学习的信心。

明确：

（1）从初中进入技工学校，突然增加许多课程，也许还没有完全适应。

（2）要从心理上接纳新的学习内容和方法，不要有抵触心理，现在所学的知识和技能会对以后的工作和生活起到巨大的作用。

（3）给自己积极的心理暗示，培养学习的热情。

（4）应该根据自身的情况，选择适合自己的学习方法和学习技巧。

2. 阅读下列材料，回答问题。

（1）分析下列目标哪些是掌握目标？哪些是表现目标？

· 我练习太极，感觉太极的冥想练习大大改善了我的生活质量。现在要进入推手课程了，我的目标是挑战如何能将我的放松感继续保持，将对方的能量协调到一起。

· 我开始练太极推手的课程了，在下次比赛中我要打败他，让大家看到我的实力。

· 我非常希望我的同事认为我很擅长销售。

· 学习如何成为更好的销售人员对我至关重要。

· 无论遇到什么分心的事，我都要做到从容应对、处乱不惊。

（2）写出你近两个月内某一学习任务的掌握目标或表现目标，并简略记录你的学习状态。

3. 运用文中介绍的学习动机有关知识回答下列问题。

某县城的李明同学高考后上了三本线，但他却选择到一所技师学院就读，希望能凭一技之长在社会上立足。刚进入学院，大城市的繁华、诸多的新生事物让在县城长大的李明充满新鲜感，他暗下决心要努力学习，争取以出色的表现毕业。为了尽快融入这个团体，他参加班干部竞选，也积极参加社团活动，甚至还利用周末去餐厅做兼职。就这样忙忙碌碌一个学期过去了，他内心却失去了刚来学校时的热情，因为班里另一位同学的管理能力很强，得到班级同学更多的认同，而那份兼职也由于他不喜欢负责人而越来越少去做。慢慢地，他和同学、老师的交流越来越少，和手机在一起的时间越来越长。

李明同学初入校时积极参加各项活动，你能运用自我决定理论中的三种心理需要进行分析吗？为什么一个学期过去了他却提不起劲儿？请为他提供一些改善性的建议。

4. 阅读中外名人的传记故事，看看他们对失败或成功的归因方式，并用鱼骨图的方式简略描述。

第二单元

自主学习的基本路径

同学们，当你进入技工院校学习，你会发现这里的教学方式与中学大不相同：学习环境相对轻松，自主学习的时间很多，课余时间可以去图书馆、自习教室或者实训室学习。正在技工院校学习的你，能够做到自主学习吗？有明确的自主学习目标吗？能合理地将学习目标转化为切实可行的学习计划，并且认真执行，完成学习任务吗？

第一课　自主学习目标的确定

学习目标

1. 了解确定目标的意义和基本原则，掌握目标分解的常用方法。
2. 能运用目标分解的方法，合理分解目标。

翻转课堂

本课导读

自主学习目标的确定

- 目标是行动的导向（第 40 页）
- 如何确定学习目标（第 40 页）
  - 关注目标的时限性
  - 分析目标的可实现性和相关性
  - 注重目标的可量化性和明确性
- 怎样分解学习目标（第 44 页）
  - 目标分解的基本原则（请你填写）____________________
  - 目标分解的常用方法（请你填写）____________________

阅读案例，并回答问题。

王俊堂，1995 年 8 月毕业于烟台市某技工学校。毕业后，他以第一名的成绩进入莱动技术中心试验室。到了工作岗位，王俊堂总是在一线工作，发现难题，就会同技术人员及时立项攻关。半年以后，他就熟悉掌握了各类设备和关键岗位的操作技能。两年后，王俊堂晋升为技师。2005 年，王俊堂成为该公司最年轻的高级技师。

成为发动机行业的“技术大拿”是王俊堂的梦想。为了这个梦想，王俊堂几十年如一日，牺牲了午休和节假日，牺牲了与家人团聚的时间。在工作中，他严格把控质量关。对于一项新技术，即使在工余时间也反复练习，反复操作；碰到技术难题更是一头扎进去。他利用业余时间查找资料，抱起书本，继续学习理论知识，常常到了深夜还不知疲倦。他会带着问题在车间里反复琢磨，手磨破了，也不叫一声苦。工作服经常被汗水湿透，每天回家后才发觉腿像灌了铅，身体像散了架，可他想到自己的梦想还没有实现，所有的苦痛便都忘记了。

正是凭着这股勤学苦练的韧劲，王俊堂学会了二维、三维绘图软件设计，掌握了内燃机领域的国内外前沿技术。他的多篇论文获得省级、市级科研成果奖。在各类技能竞赛中，王俊堂也总是脱颖而出、捷报频传，先后取得了中国华源集团技能竞赛第一名、中央企业职工技能大赛钳工组全国第八名、山东省机械行业技能竞赛第一名的成绩，成为真正的“技术大拿”。

思考：

1. 看了“技术大拿”王俊堂的事迹，你觉得是什么促使他从一个技校生成为“技术大拿”的？

2. 你有敬佩的技能人才吗？如果有，说说你的理由。

3. 你将来想从事的职业是什么？

4. 现阶段在校学习期间，你自学的最高目标是什么？制定这个目标的依据是什么？

5. 查找关于坚定目标的名言。

一、目标是行动的导向

我们在中学时期，考上理想的学校就是学习的目标，既清晰又具体，每学期、每月，甚至每天的学习任务都是在老师的指导下，几乎不需要自己去考虑和设计。来到技工院校，我们有了许多新鲜的体验，同时也有很多的问题出现在我们面前。由于以往习惯了在老师的指导下进行学习，不能很快适应技工院校的教学方式及学习方法，对学习目标感到迷茫，导致对未来也缺乏信心。对于很多同学来说，技工院校的学习生活，也许是人生中最后的求学时光，那么，你有没有想过毕业后准备做什么？又是否设想过 10 年以后自己的职业发展会达到一个什么样的高度？

目标是行动的向导，有了明确的目标，才能克服行动的盲目性，增强行动的自觉性。自主学习同样要有明确的目标，明白“为什么而学”才能竭尽全力去学习。

二、如何确定学习目标

确定目标有一个 SMART 原则：

- S（Specific）：目标要清晰、明确
- M（Measurable）：目标要量化，能够衡量
- A（Achievable）：目标要通过努力可以实现
- R（Relevant）：目标要和学习有相关性
- T（Time-bound）：目标要有时限性，要在规定的时间内完成

确定目标的过程，实际上是以自我设定目标为结果的自我认知、自我赞同、自我实践的过程。不同的人，目标也是不同的。就学习而言，因每个人的价值观不同，学习的目标也就不同。有人为兴趣而学，有人为攻克某一难题而学，有人为中华之崛起而读书，有人为获得人生的自信与幸福而读书，有人为成为“三位一体”的高技能人才而学习。总之，不同的人有着不同的目标。那么，我们该如何确定学习目标呢？

（一）关注目标的时限性

目标的确立是有时限性的。根据实现目标所需要的时间长短可以把目标分为近期目标、中期目标和远期目标。在不同的时间段，我们的学习目标也是不一样的。在学校里，我们除了完成课内的学习任务外，学习目标多是围绕毕业找工作而确定的，比如多拿几个证书，多获得一些奖项，或者培养一个爱好等。而参加工作以后，我们的学习目标多是根据工作需要而确定的。

（二）分析目标的可实现性和相关性

王永福同学从小学习绘画，他有一个梦想——做一名封面设计师。2015 年，他进入某技师学院图文传播专业学习，他的梦想依然是做一名封面设计师。他知道，要成为一名封面设计师，仅有一个本专业的高级工证是远远不够的。为了实现成为一名封面设计师的目标，王永福认为自己应该在以下几个方面做出努力：首先，提高绘画水平，这是基本功；其次，封面设计的水准要走在时代前沿、与国际接轨，要具备一定的英语水平；最后，现在都是用计算机软件进行封面设计，需要熟练掌握几种设计软件的应用。于是，王永福计划在技师学院的 3 年时间里，除了完成本专业的学习外，还要通过自主学习，取得英语四级证书，熟练应用各种设计软件，争取绘画作品获得省级以上的奖项。

这些目标可以实现吗？王永福认真分析自己的学习基础：自己对绘画专业的学习还是非常系统的，不仅学习了国画简史、世界艺术史等专业课，而且在国画、白描、篆刻等方面功底是比较扎实的，所以学习专业课程可以驾轻就熟；他的英语成绩还是不错的，他决定在第一学年先参加英语二级考试，以考促学，第三学年考英语四级；根据学校的教学计划，将在第二学年进行高级工证考试；多种设计软件的学习和应用可贯穿在三个学年里，逐一学习。

经过仔细分析，他觉得自己的学习目标是合理的，既考虑了自己的实际学习基础，又与学校的实际教学安排相符合，是完全可以实现的。

经过 3 年的刻苦学习，王永福同学毕业时终于如愿以偿。

总的学习目标就像跳一跳能摘到的葡萄，既不能过低，也不能太高；偏低了无意义，偏高了无从实现。目标只有通过努力才能达到，不是轻而易举能达到，也不能竭尽全力也达不到。学习目标的确定与客观环境相关，如果大的环境不能支持这个目标也是不行的。比如，在学校里，我们必须了解学校的培养目标、总的教学计划，并进行时间安排，使学习目标的设定符合客观条件。否则，我们的目标再好，也不能实现。

同时，学习目标的确立也要与自己的主观情况相适应。要根据自己的学习基础，全面分析，正确地认识自己，既要立足现实，又不能妄自菲薄；要准确找出自己的长处和短处，明确自己学习的特点、发展的方向，将目标与自身条件紧密结合起来，适合自己的目标才是最好的目标。

（三）注重目标的可量化性和明确性

目标反映的是理想，是指向未来的，它是一种可能性，必须是经过自己的努力能够成为现实的。目标的确立要明确、可量化。量化目标，是指用准确的数字描述规划我们的目标，即目标的具体化；如果目标不能用具体数字来表示，而是一种程度的话，那么这种程度也应该是可以指标化的。我们常常听到这样的目标：“我要找一份好工作”“我要考一所好大学”“长大后我要过幸福的生活”等，这些目标都不能算是一个有效的目标，充其量是一种美好的想法或梦想，因为这样的目标太模糊，可操作性较差。因此，什么时间内完成什么任务，达到什么水平，必须是明确的，有具体的数量、质量标准。

刘琼是一个酷爱文学的女孩，尤其喜欢中国古典诗词。上中学时由于学习紧张，她很少有时间去阅读文学作品，尤其是古诗词。2018年，刘琼考入技师学院。放暑假了，有了不少空闲时间。于是她想利用暑假50天的时间好好读一读中国古典诗词，以便进一步提高自己的文学素养。刘琼确定了暑假自学中国古典诗词的目标是：背诵60首古典诗词（唐宋格律诗30首，汉魏古体诗10首，宋词15首，元曲5首）。

蒋新也是2018年进入技师学院电子信息专业的新生，因为酷爱电子通信专业，她选择了电子信息系，但她又希望工作几年后转向做管理方面的工作。她雄心勃勃，决定在技师学院好好学习，5年之内，完成电子信息专业的学习，顺利毕业；同时辅修管理学课程，拿到工商管理硕士学位，为将来的工作晋升打下好的基础。

根据以上两个案例，请同学们回答下列问题：

（1）刘琼一个暑假的自学目标是背诵60首古典诗词，请找出蒋新在技师学院的学习目标。

（2）这两位同学的学习目标能否实现呢？请说明理由。

三、怎样分解学习目标

作家、思想家托尔斯泰曾说过，要有生活目标，一辈子的目标，一段时期的目标，一个阶段的目标，一年的目标，一个月的目标，一个星期的目标，一天的目标，一个小时的目标，一分钟的目标。

世上没有一步登天的事。数学家华罗庚也曾说过，他走过的道路，就是一条循序渐进的道路。长期的目标是分阶段实现的，各阶段目标之间的关系不是割裂开的，它们是相互关联的，应该是阶梯形的，即前一个目标是后一个目标的基础。

自主学习也是一样，我们可以将总的学习目标分解成为一个个小目标，逐一完成。那么，怎样分解学习目标呢？

（一）目标分解的基本原则

1. 目标分解合情合理

所谓合情合理就是符合自己的实际情况，符合学习的规律和客观的环境要求。将学习目标分解成一个一个的小目标时，一是必须从本人的实际出发，分析自己的优势与不足，同时考虑学校或者工作单位的计划；二是学习目标的分解也要符合学习的规律，不能脱离学习本身的规律。

2. 目标分解明确具体

明确的目标可以充分调动学习者的积极性和潜能，使之保持旺盛的学习精力，从而保证学习目标的顺利实现。目标越鲜明、越具体，越有益于达成。目标要做到明确具体，必须要将总目标层层分解成多级分目标。通过层层分解，不断细化，就可以得到具体的学习目标。

王永福对自己 3 年的学习目标是这样分解的，如下页图所示：

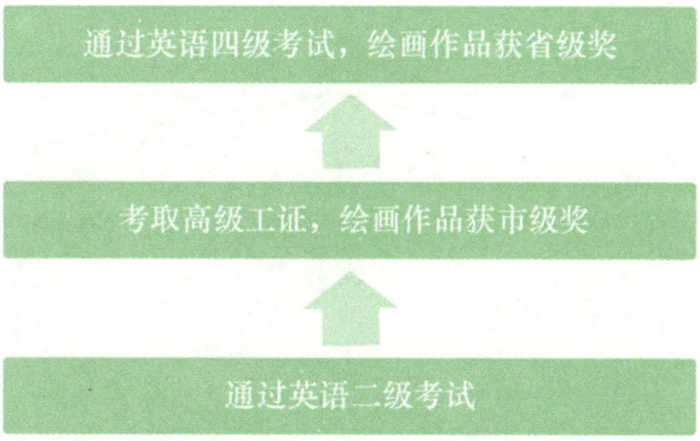

王永福将自己在校的学习目标分解成三个阶段目标，这样就将总的目标细分，让每个阶段的目标明确具体。

3. 目标分解定时定量

确定目标时必须规定明确的时间期限，确保目标按期实现。细化总体目标，需要定量具体目标。具体目标应该是可测的、能量化的，这样既便于实施，也便于检查学习效果。比如，规定某一学科通过一年努力要达到的分数段，或者一学期读多少本书，一星期背多少英语单词等。

（二）目标分解的常用方法

目标分解有很多方法，下面介绍两种常用的方法。

1. 倒计时法

倒计时法即根据总目标，一步一步回倒着将总目标分解为多个子目标，并明确各个子目标的具体内容和完成时间。

刚进入技师学院学习的王均瑶同学给自己制定了一个在 4 年级成为“校级名学生”的目标。根据学校的规定，要成为“校级名学生”，必须先评上“班级名学生”，然后是“系统名学生”，最后才能参评“校级名学生”。同时，不同级别的名学生的评选既有考核内容，又有年级限制。一年级是起点，作为刚入校的新生，学习基础课程，不能参评名学生；二年级可参评“班级名学生”；三年级可参评“系级名学生”；四年级才可参评“校级名学生”。

根据目标分解的原则，运用倒计时法，王均瑶的目标分解如下页图所示：

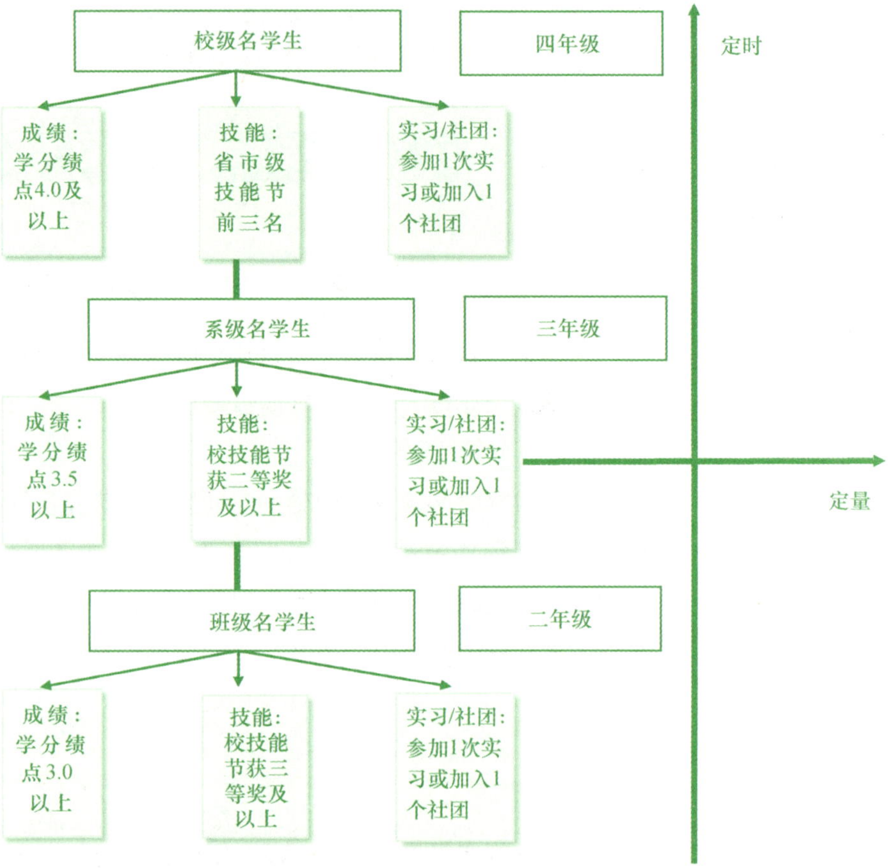

根据这张图，我们可以清楚地看到王均瑶同学分解后的子目标，在不同的时间段都有明确具体的任务。

2. 剥洋葱法

所谓剥洋葱法就是像剥洋葱一样，将大目标分解成若干个小目标，再将每个小目标分解成若干个更小的目标，这样一直分解下去，直到分解到现在该去干什么为止。

在校 5 年的自主学习目标可以这样分解：总目标不要太多，最好只有 1 个，不要超过 2 个；总目标分解成几个两三年的中期目标；两三年的中期目标分解成几个 1 年的短期目标；每个短期目标，分解成月目标、周目标、日目标；现在该去学些什么。如下页图所示。

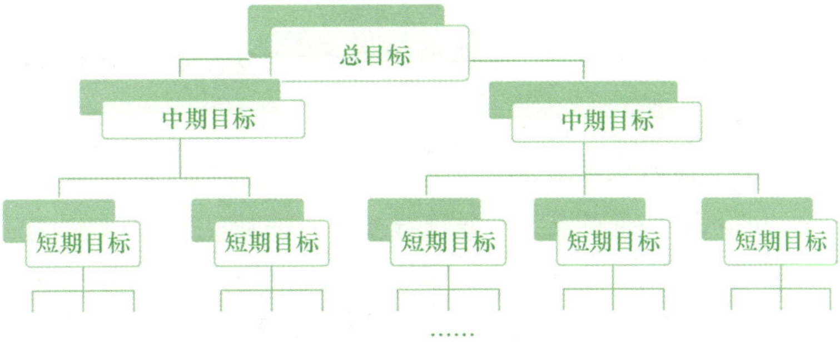

试试看：假如你决定在技师学院 5 年中读完 200 本课外书，请你用剥洋葱的方法将目标分解为每学年、每学期、每月、每周的阅读目标。

活动训练

张小军是某技师学院的一名学生，他学的专业是电梯安装与维修。按照学校的要求，张小军只要取得高级工证就可以顺利毕业，然后走上工作岗位。但张小军有一个梦想：从入学算起，10 年内成为电梯安装与维修的技师。

要成为电梯安装与维修的技师，按照有关规定，首先必须取得电梯安装维修工的操作证，电梯安装与维修的中级工证、高级工证，然后经过几年的工作实践，撰写专业论文，提高相应的能力，晋升技师。整个过程大约需要 10 年时间才能完成。

为了实现这一目标，张小军同学决定分成 3 个阶段来完成。第一阶段，在学校的 5 年中，取得电梯安装维修工的操作证，电梯安装与维修的中级工证、高级工证，顺利毕业，到一家世界 500 强的电梯公司工作；第二阶段，工作两年内，学习高等数学、大学物理、理论力学等课程，写一篇高质量的论文，取得预备技师证；第三阶段，用 3 年的时间，学习数字电子技术、材料力学、模拟电子技术等课程，负责完成 1 个项目，晋升技师。

1. 根据张小军的实际情况，小组讨论张小军的目标能否实现，为什么？

2. 以小组为单位，根据所学的倒计时法分解张小军的目标，并用图表的方式表现出来。

3. 小组派代表上台展示。

4. 根据评价量表，小组进行互评。

评价量表

评价要点	得分	合计
目标明确，主体文字突出，理由充分（20 分）		
文字表述精准、合理（20 分）		
层次科学，逻辑合理（20 分）		
分解目标定时、定量（20 分）		
内容充分，要素完整（10 分）		
文字工整，图表清晰（10 分）		

知识巩固

1. 为自己确定一个在校的自学目标，分析你实现目标的有利条件，并使用倒计时法或剥洋葱法分解你的自学目标。

2. 赵家豪同学初中毕业后考入技师学院计算机专业。他非常喜欢自己的专业，常常利用课余时间进行程序设计，希望经过 5 年的学习，毕业后成为一名系统分析员。要实现这个目标，赵家豪同学需要获得下列资质：取得初级程序员证书、中级程序员证书、高级程序员证书、系统分析员证书；通过自考取得本专业大专学历、本专业本科学历。请你帮赵家豪同学分解一下他的目标，使他能够在5年内完成学业，成为一名系统分析员。

第二课　自主学习计划的制订与执行

学习目标

1. 能制订切实可行的学习计划。
2. 能合理地分配学习时间。
3. 能执行计划并科学调整计划，完成学习任务。

翻转课堂

本课导读

自主学习计划的制订与执行

- 为什么要制订学习计划（第 53 页）
- 制订学习计划的基本步骤（第 53 页）
- 合理分配与管理学习时间（第 53 页）
  - 分清学习任务的轻重缓急
  - 整合学习时间，化零为整
  - 养成记录时间的习惯
- 自律与执行学习计划（第 56 页）
- 总结反思与调整学习计划（第 58 页）

阅读案例，并回答问题。

某同学帮助老师设计了世界技能大赛平面设计技术项目中国集训基地第一阶段集训日程计划表，见下表。

世界技能大赛平面设计技术项目中国集训基地第一阶段集训日程计划表

时间	训练模块	训练内容
星期一 8：40—16：30	世赛总体情况介绍	集训原则、世赛规则、集训动员会、熟悉场地及生活环境
星期二 8：40—16：30	广告设计模块	广告定位与目标客户 优秀设计作品分析
星期三 8：40—16：30	广告设计模块	字体设计讲座
星期四 8：40—16：30	广告设计模块	广告设计综合训练
星期五 8：40—16：30	广告设计模块	OCT 创意产业园参观

你认为这个计划表科学、完整吗？如果答案是否定的，你觉得还欠缺哪些部分？应该怎样设计日程计划表？学习本课后，请根据所学内容重新帮助老师设计此表。

思考：

在完成此活动任务之前，我们还需学习有关时间管理的相关知识并回答下列问题。

1. 朋友圈里的一个朋友，无论你在何时、何地发朋友圈，她的点赞或评论始终都排在前三，你见到她后忍不住向她讨教，她说她的时间很自由，可以随时刷屏。你是如何看待时间自由的？

2. 简要回忆你昨天一天都做了哪些事，并记录下来。

3. 根据以往的学习经验，你认为学习效率最高的时间段是：

4. 在生活中有时因为学习时间过长、压力过大导致学习效果欠佳，结合自己的体会，说说你是如何“忙里偷闲”调整好学习状态的。

一、为什么要制订学习计划

恩格斯说："没有计划的学习简直就是荒唐。"《礼记·中庸》里说："凡事预则立，不预则废。"这些都说明计划的重要性。我们有了明确的学习目标，还需要具体的措施来保证学习目标的实现，那就需要制订学习计划。有了学习计划，学习活动就可以有序进行，检查和总结也有了标准和依据。有些同学常常因为学习成绩不好怨声载道，不是责怪父母没有给自己聪明的脑袋，就是抱怨学习条件差。其实，学习成绩不好，主要原因不是在智力方面，而是在非智力方面，如学习无目的、无计划，学习方法不当等。有些同学从来没有制订过学习计划，更不知道怎样制订学习计划，平时学习完全凭着自己的兴趣和情绪，高兴了就学一会儿，不高兴了就抛到九霄云外，这样整天无的放矢地学习，效果当然是可想而知的。

二、制订学习计划的基本步骤

要制订一份切实可行的学习计划，首先要分析学习现状，明确制订计划的依据和目的。这些弄清楚了，就按照计划的三要素——目标、步骤、措施来制订学习计划。目标是计划的核心，必须明确、定量；步骤是目标的细化，是对目标进行合理分解——实现目标分几步走，每一步花多少时间，是计划的进度；措施是执行计划的保证，措施一定要具体，而且具有可操作性。

三、合理分配与管理学习时间

根据自主学习的特点，我们知道自主学习不同于课堂的学习，要完成自己的目标，必须有具体的措施作为保证。但不管是怎样的措施，都要有时间执行。因此，时间管理显得尤其重要。如果不能进行严格的时间管理，那么自主学习也就成了一句空话。

朱自清在散文《匆匆》中写道："洗手的时候，日子从水盆里过

去；吃饭的时候，日子从饭碗里过去；默默时，便从凝然的双眼前过去。”可见，时间是如此重要又飞逝而去。

所谓时间管理是指有效地运用时间，在最短的时间或在预定的时间内把事情做好。我们常运用自己所熟悉或直觉想到的方法去工作或学习，事实上，这并不一定是效率最高的方法。完成一项学习任务可以有许多种方法，重点在于能否找出效率最高的方法。那么，在自主学习中怎样进行时间的分配与管理呢？

（一）分清学习任务的轻重缓急

管理学家科维提出了一个时间管理理论，他把工作按照重要和紧急两个不同的程度进行了划分，可以分为四个象限：重要且紧急、重要不紧急、不重要不紧急、紧急不重要，如下图所示。这就是时间管理的四象限法则。在制订计划时，我们要分清任务的轻重缓急，再合理地安排时间，才能在预定的时间内完成预定的任务。

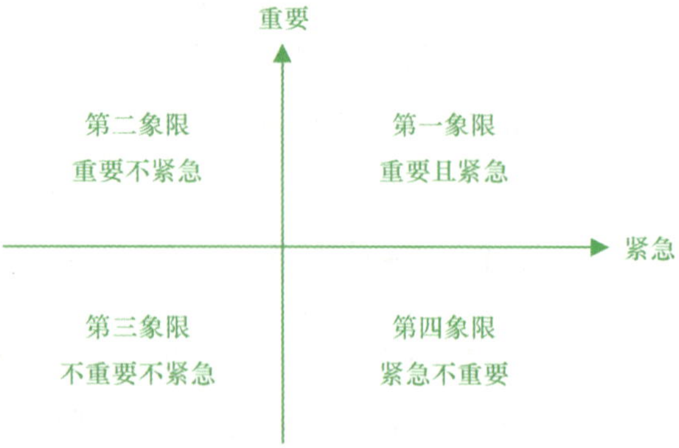

（二）整合学习时间，化零为整

在自主学习中，我们还经常会遇到一个问题：学习的时间往往是零散的，怎样有效利用这些零散的时间呢？

郭明同学是光机电系数控专业的学生，三年级时的中段实习让他对英语的学习重视起来。因为他发现，在工作中阅读机器设备使用说明，以及下单联系业务，全都需要使用英文。返校后，他开始准备英语四级考试，要求自己每天自学一篇英语短文，还要做一份英语试卷。课余的时间毕竟有限，怎么办？后来郭明找到了时间。原来每天中午午休 1.5 小时，他和同学在食堂边吃边聊天 1 小时，之后去打球半小时；下午下课到晚自习有 2 小时，他基本花在吃饭、聊天、闲逛、玩手机上；晚自习结束后到睡前的 1 小时，他用半小时洗澡，余下时间玩手机。现在，他中午专心吃饭，不再与同学闲聊，省出半小时时间，打球还是半小时；下午下课到晚自习之间，吃饭花去半小时，其他活动取消，又省出 1.5 小时；晚上睡前玩手机 10 分钟，又有 20 分钟的结余时间。这样将分割成几段的时间连起来，就用这 2 小时 20 分钟的时间背单词、做试卷。1 年后，郭明顺利通过了英语四级考试，毕业就被一家上市公司录用。

想一想：郭明每天学习英语的时间是怎样得来的？

在自主学习的过程中，要管理好自己的时间，有效利用零散时间，化零为整，自主学习时间就有了保证。

（三）养成记录时间的习惯

高效的时间管理方式是记录自己的时间，弄清自己的时间用在了哪些地方。只有经常进行时间管理分析，才能及时判断和检查自己的时间使用效率。

养成记录时间的习惯，即连续三四个星期记录时间去向，自己在每一个时间段究竟干了些什么事，这样的记录每年至少进行两次。只有定期进行时间管理分析，才能发现自己在时间管理上的漏洞，以加强时间管理，利用好零碎时间，保证学习时间，有效地进行自主学习。

四、自律与执行学习计划

不管是在生活中还是在工作上，想要成功，不仅需要自信心和坚持不懈的努力，还需要自律。自律就是在没有人现场监督的情况下，自己约束自己，变被动为主动，自觉地按照一定的纪律和规则做事情。在自主学习方面，我们要做到自觉做好预习复习，自觉按时完成学习任务。

我们在自主学习的过程中，会面对众多的干扰因素，如手机、网络游戏、零食等，尤其是网络游戏。网络游戏对未成年人的影响是很大的，由于未成年人的心智还没有发育成熟，很容易被网络游戏诱惑而沉迷其中，不能自拔，甚至荒废学业。一些网络游戏甚至会使未成年玩家产生暴力倾向，并诱发犯罪。

怎样处理好游戏与学习的关系呢？

作为学生，如果你准备参加电竞比赛，或者准备毕业后从事网络游戏专业的工作，可以把打游戏看成是一种磨炼。同时，想要驾驭好更多的游戏，就需要掌握更多的知识，还必须努力学习。我们也要清楚，能在电竞比赛中脱颖而出的人毕竟寥寥无几，就像喜欢打篮球的人很多，能参加 NBA 比赛的人很少一样，多数人只能把玩网络游戏当作一种爱好。

如果你玩网络游戏只是为了娱乐，你必须以学业为重，处理好游戏与学习的关系，合理地分配时间。比如，一星期内安排星期五、星期六的晚上各 1 ～ 2 小时的游戏时间，作为一星期繁重学习后的调节，其他时间则不碰游戏。又或者在假期里，白天都在图书馆或者其他地方学习文化知识，晚上也可以安排 1 小时的游戏时间用于放松。如果你不能约束自己，就不要在手机上下载游戏；如果手机上下载了游戏，上课或自习时要自觉将手机放入教室的手机袋，以帮助自己集中精力学习。要做到这些，重要的还是自律。

同学们走进了技工院校，没有了父母在耳边唠叨，没有了班主任每周的训话，也没有了每月甚至每周的学习排名，学习氛围似乎宽松了很多。但是，技工院校的学习标准并没有降低，同学们必须清楚地意识到：只有克服自己学习的惰性，加强自我管理，自觉克服外界因素的干扰，有强有力的执行力，才能确保学习计划的执行。自主学习计划制订好了，如果学习者不能自律，没有执行力，再好的计划也是一句空话。

王洋同学为提高自己的综合素养，制订了 1 份自主学习计划，以下是他在执行计划时的表现：

王洋下定决心要在 2 小时内写 1 篇周记，可刚过 10 分钟就拿起手机刷了遍朋友圈，还顺手点进群聊，看看大家聊了什么，再顺手保存几个表情包。

王洋计划周自学的任务是读完 1 本关于管理的书，可到了星期六才读了一半。有人约他爬山，他马上就停止学习，参加爬山，觉得锻炼身体更重要。晚上回来又觉得太累，决定看剧、打游戏，放松一下。

星期日，王洋又下定决心读书提高自己，才读了 20 分钟，就觉得乏味，于是打开手机玩起了游戏。

1 年过去了，王洋自主学习的收获甚微。

王洋同学的问题出在哪里呢？是没有计划，还是没有安排好时间呢？显然都不是，他缺乏的是执行力。手机、他人相邀、打游戏、看剧，在这些干扰面前随波逐流，这样的学习当然不会有收获。

不同的环境有不同的干扰，如果没有强有力的执行力，就无法排除干扰进行学习，学习计划也会落空。在完成学习任务时，必须自我设定时限，养成高效的学习习惯，不要让干扰因素浪费时间。

同一类的事情最好一次把它做完。如果在做作业，那么这段时间就只做作业；如果要查看电子邮件，最好能回复就及时回复；如果需要打多个电话，就安排一个时间一次全部打完。

五、总结反思与调整学习计划

我们在制订计划时总觉得自己的计划很合理，但在执行的过程中有时却执行不下去。这时，就需要我们认真反思，及时发现问题，找出计划难以执行的原因，及时调整学习计划，也为后续的学习提供经验和教训。

反思和调整学习计划可参考如下步骤：

第一步，回顾计划执行情况，看执行率如何；

第二步，查找执行率不高的原因，判断是计划制订不科学而难以执行，还是因为自己受到干扰和影响等；

第三步，针对分析得出的原因对计划进行有针对性的调整，比如调整活动顺序、劳逸结合、交叉安排；

第四步，根据学习效果调整作息时间表。

活动训练

世界技能大赛平面设计技术项目中国集训基地第一阶段的集训目标是使学员进一步系统了解世赛平面设计项目的要求，按世赛要求和往届水平提升技能，提高身体素质以适应训练和竞赛的强度，集训时间为 1 星期。

集训课程包括专业训练、错题分析、自我提升训练、专家讲座。其中，讲座主题有字体设计讲座、广告设计综合训练、优秀设计作品分析（广告定位与目标客户设定）、OCT 创意产业园参观、世赛总体情况介绍（集训原则、世赛规则、集训动员会、熟悉场地及生活环境等），每个主题的讲座安排1小时。

除上述课程外，集训期间还要保持1天2次体育锻炼，其中一次须在早晨，时间15分钟，另一次体育锻炼时间为40分钟。每天要安排2小时午休，每周要有2次和教练、领队及相关领导的座谈，每次座谈1小时。

请据此安排集训时间表。

【提示】安排时间表，要考虑完成集训目标相关课程的顺序、轻重缓急，据此考虑每日的合理时间安排。

分小组开展集训时间安排活动。

1. 分析集训课程内容，将集训课程按前后顺序排列出来。

2. 考虑轻重缓急，安排集训课程每星期的课时数。

集训课程	课时数
专业训练	
错题分析	
自我提升训练	
专家讲座	

3. 根据上述结果，排列集训活动日程表，表格形式如下。

内容 / 时间	星期一	星期二	星期三	星期四	星期五
8：40—8：55					
9：00—11：30					
11：30—13：30					
14：00—16：00					
16：00—16：40					
19：00—21：00					

4. 按小组阐述时间安排的理由。

知识巩固

1. 详细记录自己每天都做了什么及花费的时间，包括起床、洗漱、用餐、学习、运动、玩手机、睡觉、坐车等，连续记录1星期。根据记录分析自己是否有效利用了每天的时间，如果没有，则找出自己浪费时间的原因，及时做出调整。

2. 试试看每天为自己安排一段“不被干扰”的时间。用这段完全不被任何人干扰的时间或思考、或学习，你能坚持多久？如果“不被干扰”的时间每天是半小时，你能一直坚持吗？

3. 观察以下表格的时间安排，回答问题。

某技校生的每一天

时间	星期一	星期二	星期三	星期四	星期五	星期六	星期日
6：00—6：30	起床	起床	起床	起床	起床	睡觉	睡觉
6：30—7：00	早餐	早餐	早餐	早餐	锻炼	睡觉	睡觉
7：00—8：00	预习	预习	预习	刷手机	早餐	早餐	早餐
8：00—9：00	上课	上课	上课	上课	上课	兼职	休息
9：00—10：00	上课	上课	上课	上课	上课	兼职	看电影或逛街
10：00—11：00	上课	上课	自习	自习	上课	兼职	看电影
11：00—12：00	上课	上课	自习	自习	上课	兼职	看电影
12：00—13：00	午餐	午餐	午餐	午餐	午餐	午餐	午餐
13：00—14：00	刷手机	刷手机	睡觉	打游戏	打游戏	睡觉	睡觉
14：00—15：00	上课	上课	上课	上课	回家	睡觉	睡觉
15：00—16：00	上课	自习	上课	自习	回家	打球	返校
16：00—17：00	运动	运动	看剧	看剧	打游戏	打球	返校
17：00—18：00	看剧	看剧	打游戏	打游戏	看剧	打游戏	打游戏
18：00—19：00	晚餐洗漱	晚餐洗漱	晚餐洗漱	晚餐洗漱	晚餐洗漱	晚餐洗漱	晚餐洗漱

续表

时间	星期一	星期二	星期三	星期四	星期五	星期六	星期日
19：00—20：00	晚自习	晚自习	晚自习	晚自习	晚自习	打游戏	打游戏
20：00—21：00	晚自习	晚自习	晚自习	晚自习	晚自习	打游戏	打游戏
21：00—22：00	刷手机	作业	作业	刷手机	刷手机	打游戏	打游戏
22：00—23：00	刷手机	睡觉	睡觉	睡觉	睡觉	睡觉	刷手机

观察以上表格的时间安排，根据自己的实际情况，回答问题。

要求：第（1）题必答，第（2）（3）（4）（5）题中选 1 题回答。

（1）该同学这样安排时间是否合理？为什么？

（2）如果这位同学在校报考了本科，你会帮他怎样调整时间表？

（3）如果这位同学在校期间决定课余读完 100 部长篇小说，你会帮他怎样调整时间表？

（4）如果这位同学决定参加全省技能比赛，你会帮他怎样调整时间表？

（5）如果这位同学决定参加电竞比赛，你会帮他怎样调整时间表？

4. 给自己制订一份 5 年的自主学习计划。

第三单元

运用科学的学习方法

在日常生活、学习和工作中，我们会遇到各种问题和困难，往往需要通过一些途径学习新知识来帮助自己解决这些问题。知识分为两种，一种属于陈述性知识，如北京是中国的首都，生命在于运动，这类知识主要用来回答事物“是什么”和“怎么样”的问题，可用来分辨事物；另一种属于操作性知识，如怎么游泳，怎么化妆，这类知识回答的是“怎么做”的问题。不同的学习内容可以采用不同的学习方法，采用科学的学习方法能够使学习更加有效。

阅读书籍是获取陈述性知识的有效途径之一。同学们选取感兴趣的一本书进行阅读。在阅读的过程中，学习和运用多种有效的学习方法，然后在全班分享阅读感受。在专业技能的学习过程中，经常涉及操作性知识的学习。同学们根据本专业的学习方向，通过观察模仿、刻意练习等方式进行学习，并在班级分享作品制作或技能掌握的学习体验与方法。

第一课 陈述性知识学习方法及应用

学习目标

1. 掌握和应用归纳法和类比法。
2. 具备主动学习意识，能利用问题驱动进行学习。
3. 能够通过可视化方法整理和内化知识。
4. 能够在日常生活和学习中有意识地输出和应用所学的知识。

翻转课堂

本课导读

陈述性知识学习方法及应用

- 归纳类比 （第 69 页）
  - 什么是归纳类比
  - 如何应用
- 问题驱动 （第 73 页）
  - 什么是问题驱动
  - 如何应用
- 可视化表达 （第 77 页）
  - 什么是可视化表达
  - 如何应用
- 以教促学 （第 80 页）
  - 什么是以教促学
  - 如何应用
- 倾听和共享 （第 84 页）
  - 什么是倾听和共享
  - 如何应用

阅读案例，并回答问题。

理查德·费曼（1918—1988 年），1965 年获得诺贝尔物理学奖，他被认为是自爱因斯坦之后最睿智的理论物理学家，也是第一位提出纳米概念的人。费曼是众多硅谷奇才们的共同偶像。微软创始人比尔·盖茨认为，费曼生动的讲解使科学充满了趣味，而且没有其他人能够比他做得更好；谷歌创始人谢尔盖·布林从青年时代起就一直喜欢费曼，认为费曼对自己的人生轨迹影响很大，对他赞不绝口。

费曼不是狭隘领域的专家，也不是什么都只懂一点的所谓跨界者，而是有着多元身份的通才型专家。他学习绘画，很快就能把匿名作品放在专业画廊高价售出；他跨专业在生物学、数学等领域和全球顶级专家合作，每次都有重大贡献；他能 10 分钟打开装有原子弹机密文件的保险柜；他还是故事大王……。他绝不是一个书呆子，反而学习力“爆表”。费曼学习力超强的原因不是智商超群（他的智商只有 120，仅比平均水平高一点儿），而是被人总结为“费曼技巧”的学习方法。

费曼技巧包括 4 个核心步骤：

1. 明确主题，选择你想理解的概念
2. 设想一个场景：面对8岁的孩子或80岁的老太太，模拟讲授这个概念，试图向他们解释这个概念，使对方能完全听懂
3. 当无法清晰解释的时候，再返回到原始材料把这个概念研究一遍，进行查漏补缺，重新钻研自己不明白的地方
4. 查漏补缺后，对自己提出更高的要求，尝试用类比的方法、用更简洁的语言表达出来，同时联系现实，列举鲜活具体的例子

思考：

1. 搜索关于费曼的小故事，并进行分享。

2. 结合教材内容分析一下费曼技巧为什么是高效的学习方法？

3. 尝试用案例中的方法把费曼技巧介绍给同学。

活动训练

选取一本科普类书籍。

1. 讨论如何选一本好书。

2. 你选择了什么书？你希望从书中获得什么？

【小提示】如何选择一本书？

1. 通过序言了解书的主题。序言有自序也有请别人代写的序。他人作序是对方认真阅读后，对全书的内容做一个综述及评价，可以帮助读者快速了解一本书的主要内容。

2. 查看网上评论。在网上搜索网友读完后对该书的评价，作为参考。

3. 翻阅图书目录。目录是一本书的纲要，列明了本书主要论述的问题和全书的结构，翻阅目录后可在头脑中迅速建构起全书的主要内容。

4. 根据喜欢的作者选书。有些作者的作品质量都比较高，还可以在这些作者的参考文献中发掘好书，按图索骥进行主题阅读。

5. 查看印刷的次数。一本书再版或印刷的次数多，也能从一定程度上说明该书是被读者认可的。

一、归纳类比

一位教授上课时拿出了一张100元纸币，他问同学们："有谁想要这张钞票？"所有人都举手了。接着，他拿起纸币对折了两次，然后说："有谁想要这张钞票？"这次也是一样，所有人都举手了。"那换成这样试试看。"他将钞票揉成一团，然后又问大家："有谁想要这张钞票？"还是每个人都举手了。最后，他把钞票扔在地上，用脚把它踩得更皱，再捡起来。他又问了一次："有谁想要这张钞票？"结果大家还是都举手了。

这时他说："今天你们学到了很重要的一课。无论我怎么对折这张钞票，怎样揉它、踩它，你们还是想要它，因为它的价值还是100元。"教授接着说："每个人存在的价值就像这张钞票一样，我们曾无数次被自己的决定或碰到的逆境击倒、欺凌，甚至被蹍得粉身碎骨，这时候，我们会觉得自己似乎一文不值。但无论发生什么，或将要发生什么，我们都应该记住，只要勇气和梦想还在，我们就和这张钞票一样，永远没有丧失价值。"

教授在讲解个人价值的时候，运用了什么方法？

（一）什么是归纳类比

人类的基本思维方式有三种：

一是演绎法。演绎法的基本推理过程是：大前提是什么，小前提是大前提的一部分，那么小前提也是什么。演绎法有一个典型的三段论：所有的人都会死的（大前提），苏格拉底是人（小前提），所以苏格拉底是要死的（结论）。演绎法是从一般到特殊的推理过程。

二是归纳法。归纳法是从许多个别事件提取出共同的属性，形成一般原则。例如：房间里有3位小朋友，小花、小明、小强。小花爱学习，小明爱学习，小强也爱学习，所以这个房间里的小朋友都爱学习。这种推理模式，即是归纳法。归纳法是从特殊到一般的推理。

三是类比法。类比法是用一件事来理解另一件事。如一个篱笆三个桩，一个好汉三个帮。它不是从一般到特殊，也不是从特殊到一般，它的本质是从特殊到特殊。

> 你还能举出生活中哪些类比的事例？

归纳类比是从两个以上的事物，外表看似差别很大的例子之间找到相同的规律、蕴含的相同原理，目的是为了找出共性，以帮助自己学习或面对类似的事物能快速掌握。

归纳类比常被演绎为各种形式，其本身也是一种极为有效的学习方法，主要体现在：一是可以加深我们对于事物之间蕴含的共同原理的理解；二是在学习中遇到类似的情况，更有可能主动运用之前学到的原理；三是能够有意识地利用归纳类比引导自己学习和思考。

活动训练

1. 洪水之于水滴就好比？

A. 沙滩之于海浪

B. 沙漠之于绿洲

C. 暴雪之于冰柱

D. 泥石流之于砾石

2. 邓克教授该怎么办？

思考 A、B 两个类比案例，找出共同规律，再阅读案例 C，如果你是邓克教授你该怎么办？

案例 A

一位将军要攻下一座城池，他必须兵分几路从不同方向进攻，因为如果只从一个方向进攻，就会压垮护城河上的大桥。

案例 B

消防员要扑灭一场大火，如果所有水枪都往同一方向喷射，那么水枪的巨大反作用力会使消防员难以控制，因此消防员会用好几把水枪从不同方向喷水，这样保证灭火量的同时又把反作用力控制在合理范围之内。

案例 C

邓克教授需要解决一个放射治疗问题。有一个肿瘤病人需要放射治疗，如果想消灭体内的肿瘤细胞，需要使用高强度射线，但是被射线穿透的健康细胞也会被一同杀死，而如果为了保护健康细胞而减弱射线强度，却又杀不死肿瘤细胞，医生怎么办?

（二）如何应用归纳类比

1. 归纳法的应用

归纳法是我们生活中非常常见的论证方式，在使用时要注意要点是否具有穷尽性。

我们可以利用归纳法将书由厚读薄，对应该掌握的内容进行归纳和概括，把全文内容浓缩在一两张纸上，或者用一张思维导图将某一章节内容归纳，这些都是利用归纳法把书由厚读薄的过程。还可以利用一些表格帮助自己进行归纳，如用一个列表对历史事件进行梳理和归纳，然后比较。在阅读时，我们把对每个段落内容的理解归纳成段落大意，写出段落提要，可以加深对整个文章的理解，增强和巩固记忆。

前文房间里有 3 位小朋友的例子是一个完全归纳的例子。当总体中因素个数太多，我们无法检测所有的因素，或者有时候因素个数是趋于无穷的，不可能一一检测完，这时一般人往往有意无意采用了不完全归纳。例如，我们看到很多中国人是黄皮肤，但不能归纳为中国人都是黄皮肤。中国是多民族国家，并不都是黄皮肤，俄罗斯族、塔塔尔族等属于白种人。所以，说中国人都是黄皮肤就犯了以偏概全的错误。

总之，归纳法在我们的生活和学习中应用非常广泛，形式也多种多样，但要注意应用时避免出现以偏概全的错误。

2. 类比法的应用

类比法是一种非常有效的学习方法，能帮助学习者理解事物间蕴含的相同结构。使用类比法能够帮助我们寻找事物的规律，通过比较相类似的事物，提高我们认识事物的效率。类比法能在已知和未知之间架起一个桥梁，帮助我们更好地完成思考穿越。

例如，当我们想学习操作Photoshop这种图像处理软件时，因为它的功能非常强大，操作也有一定的难度，直接学习使用这个软件需要花费较长的时间，我们可以先掌握操作简易的修图软件，如美图秀秀、光影魔术手等。当我们把操作简单的修图软件学会，再去学习Photoshop，学习效率就会更高。这是因为修图软件之间都有一些共同的规律，掌握这些规律，遇到类似的事物就没有了畏难的情绪，也能更快地掌握。

> 为什么学习Photoshop之前学习“傻瓜型”的修图软件，更易掌握Photoshop的使用功能呢？这对我们学习其他技能有什么启示？

总之，归纳法是从具体的事物属性去发现同类事物的特征，提炼出猜想，提炼出规律；类比法是帮助我们通过已知的事物去理解新事物、新概念，可以用一些熟悉的例子理解抽象的新概念，探索总结事物中蕴含的深层结构。

活动训练

1. 在互联网上阅读韩寒的作品《我也曾对那种力量一无所知》，找出每个段落中的关键词，并通过串联段中关键词，归纳文章叙述的主题。

2. 新华社官方公众号推送的文章《这是一个很难很难很难的问题……但我看懂了！》，以漫画形式向读者普及区块链有关知识。请认真阅读，找出3个以上类比案例，分小组进行讨论，并派小组代表参加分享，同时讲解类比对学习新事物有什么作用？

【小提示】关键词

在文中反复出现的，并且作者赋予其特殊的含义的，是作者提出的重要概念，帮助论证主题的。这个词它可能会重复出现，即“复现”，也可能多个不同词共同指向一个含义，即“共指”。关键词也常常以串联的形式出现，形成关键词串。

二、问题驱动

张小林同学最近迷上了《三体》这本科幻小说，书中描述的三体世界离地球有4光年时间，三体人为了入侵地球，派了先遣的智子来到地球。根据三体和地球之间的距离，如果按照常规往返通讯，需要8光年时间，那如何实现实时的通讯联系呢？书中提到可通过疑似量子纠缠的形式进行任意距离上的实时信息传递。就像两个相爱的人心

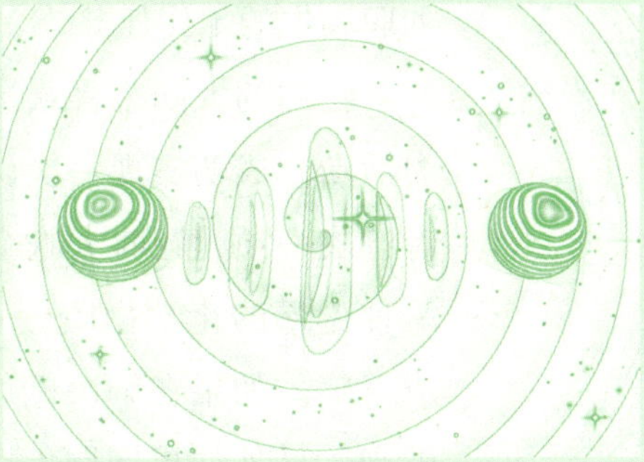

有灵犀，纠缠过的其中一个量子一旦变动，另外一个也会跟着相同变化。于是三体人以每两个智子为一组监察阵列，一个作为接收端接收信息，另一个被发往目的地。量子纠缠理论让张小林非常入迷，头脑中涌现一堆问题，量子纠缠到底是什么？科学界确实有这个理论吗？如果确实存在这个理论，现在和未来会有哪些应用？带着这些问题，张小林同学上网查询了很多资料，并加入了相关的网络社群讨论，在上物理学课时也更加专注，更加热爱学习了。

（一）什么是问题驱动

问题驱动就是为学习知识创造一个理由，通过解决问题的过程来学习。一个好的问题可以提升学习效果，还可以充分激发学习者的好奇心。问题驱动式学习在我们生活中随处可见，我们在很小的时候，问题驱动式学习便开始了，总是问爸爸妈妈很多为什么，成年人也会上网搜索自己感兴趣的问题。问题驱动为什么能促进人们学习呢？

我们学习的驱动力来自两个层面，一是内在驱动力，如兴趣和好奇心；二是来自外部的驱动，即来自任务完成后带来的奖励，如物质奖励，赢得权威人士的认可、赞同，或为避免某种惩罚等。问题驱动的“问题”可能出自好奇心，也可能来自外在的任务。有时学习不需要培养兴趣，特别是成年人的学习，可以来自生活需求的任务驱动，如职场中的工作任务等。

为什么大脑有时会喜欢去思考一些问题？

我们的大脑很喜欢进行智力活动，成功实现一次认知或者解决一项问题时大脑会分泌一种少量的化学物质——多巴胺，会给我们带来愉悦感、满足感和成就感。如果在解决问题过程中，一直没有什么进展，我们会感到沮丧。另外如果问题太简单，大脑也不会分泌多巴胺。问题解决过程能带给我们愉悦感和满足感。成就感的获得也与问题的困难程度相关，问题因太难而迟迟不能解决，或者太容易解决都不会有成就感。

（二）如何应用问题驱动

问题驱动式学习可能是基于某个问题、实际的任务或者只是基于课堂提问，它尤其适宜用来处理应用型问题。

1. 问题设置

问题驱动是以问题为学习的发端，好的问题的标准，一是对学习者而言是有意义的，能产生“我确实需要了解这件事情”的冲动，可能的话尽量贴近真实生活中可能遇到的情景；二是难度适中，目标设置要清晰，问题难度不能太大或太小。根据大脑的工作原理，处理太难或太简单的问题，我们的大脑都不会分泌多巴胺，没有学习的愉悦感。

2. 制造生活中的任务驱动

有时候我们学习知识或者技能，并不是基于兴趣，甚至可能还带着痛苦，但是做完之后会获得很大的收益。在生活中，我们可以给自己定义一些任务。如有的人在外地工作，长期在外吃饭觉得不卫生，生活成本也高，便掌握了做饭这项技能，可能还做得非常好，编制了相关的教程放在网络中，这就是生活中的“刚需任务”带来的学习成果。

3. 职业工作带来的任务驱动

在工作中，往往为了完成工作任务，解决工作中的问题，迫使自己必须去练习和提高。在工作实践中，能练成相关技能的可能性比其他情况更高。如一些喜欢摄影的发烧友的摄影水平，可能比不上在媒体工作的图片新闻记者的水平；有的人在工作中需要用 Keynote 给上级做演示文稿，有大量的实战经验，也有相应的资源，他制作演示文稿的水平就要比一般人高。这些都是职业工作压力带来的外部动力，从而实现技能的提高。

即使没有进入职场，也可以“自己聘请自己”，设想一种工作场景，帮助自己在心态上建立一种自觉性和自主性。如计算机专业的同学在学习代码时，可以“聘请自己做员工”，设计一个应用程序，进行一份数据分析，进行网站设计等。通过实际的任务带着问题边学边做。

你觉得一个人的自我定义任务的能力重要吗？

一个公司在面试中会问面试者一个问题：“如果你有一个月的空闲时间去专门研究一个问题，你会研究什么？”有的面试者说不出来，有的却能说很多。这其实是一种能力，叫作自我定义任务的能力。我们在学习过程中，也可以自己给自己定义任务，带着任务去学习，这要比单纯学习效率更高。

总之，问题驱动式学习是一种高效的学习方法，人类的好奇心驱使我们去解决问题，成功解决一个问题会给我们带来内在愉悦感。用解决问题的眼光看待学习，也可帮助我们更好地应用知识。

活动训练

1. 请挑选下面一个新概念，使用“问题驱动式”方法进行学习，并在下次课中分享你的学习所得。思考如何用更高效的方法去“教”别人。

区块链、数字货币、新基建、物联网、一带一路、某一种手机软件

2. 节选所选书籍的某些章节，运用科学的学习方法进行精读。

（1）你理解的精读是什么？

【小提示】什么是精读？

精读不同于泛读，它一定是带着思考，并且伴随着输出，而不是简单的了解作者说什么。如做笔记，将自己的想法和认知与书中知识点结合起来，其实相当于是与作者共同参与知识生产的过程。精读是对书籍内容真正的内化和吸收，融合进了自己的认知框架。

杨绛先生曾回忆钱钟书说，他在我们的印象里应该算是博学甚至是一目十行、过目不忘的天才了。但是施蛰存在谈到钱钟书时说："钱钟书爱书，我不说他聪明，我说他用功。"钱钟书花很多时间做笔记，甚至做笔记的时间是读书的一倍。他自己说一本书第二遍再读，总会发现读第一遍时很多疏忽，最精彩的句子要读几遍之后才发现。他读完书做完笔记，就把借来的书还了，自己的书也随手送人了。无数的书在家里流转，但存留的只有笔记。

（2）在你所阅读的章节中选择一个问题，带着问题进行精读，并做读书笔记。

（3）你对该问题的看法是什么？作者给出什么结论？在小组内分享该问题是如何解决的。

三、可视化表达

TED 演讲大会风靡全球，吸引了众多的演讲爱好者。2009 年，西蒙·斯涅克做了一场约 18 分钟名为《伟大的领袖如何激励行动》的演讲。演讲刚过了 2 分钟，西蒙便拿起笔，在白板上画出了著名的黄金圈，一个中心，三个同心圆，中心圆是"为什么（Why）"，中间圆代表"怎么做（How）"，最外面的圆代表"做什么（What）"，用一个极其简单的图便展示了伟大的企业

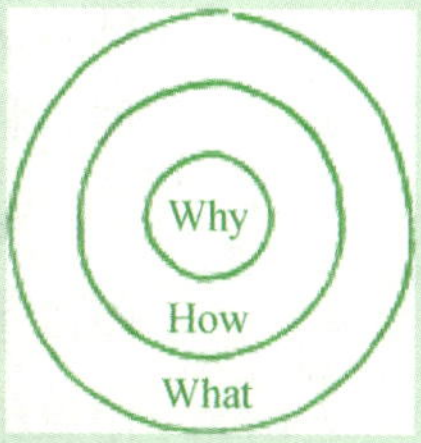

领袖是如何激励他人的，以及成功的企业是怎么做的。

西蒙在演讲中应用了什么技巧？对我们的学习有什么启示呢？

（一）什么是可视化表达

可视化表达是通过视觉形式将知识或信息表达出来，地图、图表、图片等都是可视化表达非常常见的形式，它能帮助人们更好地理解事物之间的关系，提取出复杂文字中的抽象关系，简化认知过程，减轻认知压力，更快地掌握信息。

人们通过视觉系统接收并理解图形信息的速度比语言文字至少快 6 倍以上。能用实物说清楚，不用图片，能用图片说清楚，不用文字，有时一图胜千言。

（二）如何应用可视化表达

画图是人类天生的技能，应用可视化表达，不是艺术创作，不需要技法多么熟练、绘画多么精致，只要能画简单的几何图形就行。

1. 利用可视化帮助知识复盘

思维导图是可视化的一种工具，能够帮助我们整理信息。思维导图运用图文并重的技巧，把各级主题的关系用相互隶属与相关的层级图表现出来，把主题关键词与图像、颜色等建立记忆链接。思维导图充分运用左右脑的机能，利用记忆、阅读、思维的规律，协助人们在科学与艺术、逻辑与想象之间平衡发展，从而开启人类大脑的潜能。这套工具只需一张白纸和铅笔就可以，或者利用思维导图的 App 实现。利用思维导图可对知识进行系统整理。

整理出一本书的逻辑框架，比记住一本书的具体内容更重要。下面以读一本书为例，讲解如何用思维导图来做知识复盘。

在手机应用市场里搜索思维导图的 App 有哪些？哪些应用程序的用户评价比较高？

用思维导图整理一本书的内容，要回答三个问题：

（1）为什么读这本书（Why）。 虽然已经读完了这本书，但是可以回想一下自己的初心是什么，为什么要读这本书，希望获得什么，以及作者为什么要写这本书。

（2）我读到了什么（What）。 “我读到了什么？”问自己这个问题，即是对书的整体做一个回顾，检查自己获得了哪些新的知识。还可进一步追问，这本书的核心思想是什么？能否用一两句话表达出来？这本书有哪些知识是我以前不知道的？哪些内容让我印象深刻？书中有哪些观点和以前认知不同，是否改变了自己的原有观点？以前有哪些认知的错误？书中有哪些观点是我不赞同的？用批判性的眼光去看待作者的见解，然后在思维导图中呈现出这些思考的结果。

> 试着利用思维导图的形式复盘你所阅读的书籍。

（3）读完后如何去应用（How）。 能用到的知识才是有价值的知识，知识需要输入和内化，还需要输出和应用。在用思维导图做读书笔记时，这最后一个环节是最重要的，也是最容易被忽视的。不断追问自己，这本书还需要重新阅读吗？这些知识在什么情况下会用到，应用场景有哪些？我可以把这些知识分享给谁？用什么方式分享出去呢？

2. 将我们长期的学习结果可视化

当我们做一个决定或制定一个长期的学习目标时，可以问问自己，这个学习结果达成之后，自己具体会得到哪些成长？会产生哪些相关的影响？给自己会带来什么？越具体越好，将学习结果可视化。通过这种方式，可以激励自己持续做一件事，也给现在的学习赋予一定的意义和价值。

可视化是一种高效的科学学习方法，能够帮助人们整理信息和想法，发现事物之间的关系，促进知识的理解，辅助我们更好地解决问题。

活动训练

在互联网上阅读刘慈欣写给女儿的一封信《关于两百年后的世界》，请用思维导图的形式说明这封信的内容脉络。

四、以教促学

小艾参加了一个语言培训机构的面试。为了增加自己面试的成功率，她特意提到自己不仅能教英语还能教韩语，主考官非常好奇。小艾说道，她曾经在一家英语培训机构工作，一次偶然机会接到在其他培训机构工作的朋友电话，问其是否认识教韩语的老师，原有的韩语老师生病，不能上课，但是已经接受了学员的报名。曾经自学过一段时间韩语的小艾毛遂自荐。她把以前的韩语学习资料找出来，一边温习，一边整理，并用于韩语培训班教学。在培训班教课时，小艾边教边学，查找资料，与学员一起探讨问题……。在那一届培训班中，小艾所教授的班级学员满意率非常高，她自己的韩语水平也有了很大提高。

小艾的韩语水平是如何提高的？为什么这种学习方法如此高效？

（一）什么是以教促学

以教促学是把教别人作为促进自己学习的方法，利用教学者的责任感，促使我们更严谨地对待学习。这里的教学者和学习者并非学校中特定的教师和学生身份。教学者是向他人分享和输出知识的人，知识的分享可以在非常正式的场合，如讲座、课堂，也可以在生活中聚餐闲聊时进行。多项研究证明，学习者站在教学者的视角去参与学习是一种非常高效的学习方法。

1946 年，美国学者埃德加·戴尔提出了“学习金字塔”（Cone of Learning）理论，之后美国缅因州的国家训练实验室也做了相同的实验，并发布了“学习金字塔”报告。该研究中共使用了 7 种常见的学习方法学习同一项内容，在两周后测试参与者大脑对学习知识的内容留存率，结果显示不同的学习方法存在巨大的差别（如下图所示）。在该报告中，学习分为被动学习和主动学习两种不同的层次。

学习金字塔

被动学习主要是被动输入信息的过程，包括听讲、阅读、视听和演示，这里演示是指看他人操作。主动学习是一个输出和生产知识的过程，包括讨论、实践、教授给他人。主动学习不仅仅是“搬运”知识，还参与知识的转换，结合自己原有的知识背景，纳入自己的知识体系，在一定程度上生产出新的知识。在主动学习中最高效的方法便是教授给他人。

> 为什么教别人是最高效的学习方法？请说说你的解释。

在教授别人的过程中，会产生强烈的责任心。给同伴讲解内容时，甚至要比自己学习花费将近多一倍的时间。给他人讲授带来的益处还体现在知识的融会贯通中，将知识点融合到自己的原有知识框架中，更有利于解决一些综合性问题。

（二）如何应用以教促学

以教促学的本质是当我们学习新的知识后，尽可能地通过各种途径把它说出来、写出来或应用出来，积极主动地去给别人讲自己学习的新知识，给自己的学习制造反馈。以教促学可以有多种形式：

1. 文字类教学

若没有具体的教学对象，我们可以用自己的话把所学的知识写出来，给自己制造一些文字类的反馈。如每读一本书就将作者的想法用自己的语言表达出来，尽可能结合自己的知识背景去延伸，而不是罗列摘抄书中的观点。这个过程不仅是在吸收书中的知识，还是在参与知识的生产。写完后将自己的文字通过网络发布，如公众号、朋友圈等，让更多人读到，也可间接地达到教授他人的目的。

2. 视频语音类教学

当周围没有可分享的对象时，除了写出来，还可以通过自己录音或录像的方式，将学习到的新概念、刚看到的一本书或者自己掌握的某种技能在几分钟内讲清楚，表达自己的想法。之后发布到网络中，与更多的人分享自己的所得。通过不断尝试，思考如何能讲解得又清楚又有趣。这就是知识不断迭代的过程，也是自己不断成长的过程。

3. 日常生活情境中的“教”

以教促学是一个非常广义的概念，不一定都是在课堂中正襟危坐，可以在课后主动给同伴讲解题目，不仅促进友谊，也能加深自己对知识的理解；也可以与同学闲聊时，介绍自己的阅读心得。一个简单的内容，自己知道和给别人讲清楚还是有很大距离的。生活中的以教促学不仅能使我们发现生活中很多美好的细节，还能增进与朋友、家人关系的亲密度。

活动训练

1. 小组派代表用5分钟时间介绍“问题驱动式”方法学习的新概念，可以大量使用实例、类比、可视化等方式。

2. 分享书籍的主要内容和学习心得。

（1）根据可视化的学习方法，利用思维导图复盘你阅读书籍的内容。请在手机或计算机上利用思维导图软件制作，以图片的形式导出，以“姓名+书名”命名，提交给组长或老师。

（2）针对书中某一个最触动你的点，写一篇500字以上的文章发表在网上，并附上书的思维导图，将文章链接发送给组长或老师。

【小提示】如何分享一本书？

国内一款知名知识服务App的说书人曾经分享，他是如何在15分钟内把一本书讲完的：不是按照书的目录面面俱到，而是寻找书中最核心的观点，提炼成一句话，后面就是用大量的事例、论据来解读和例证这句话。

如何解释清楚这个核心观点呢？通过大量的举例子和类比。类比是通过已知认识未知，能快速实现思考的穿越。在解释清楚核心观点之后，特别重要的是交代你的观点是什么、你的看法是什么，这个过程就是将新的知识和自己的知识融合的过程。

（3）将你的读后感在班级中做一次口头分享，写出你对自己分享的评价和你认为最需要提升的是哪个部分。

阅读分享的主题：			自我评价
评价指标	书籍内容的提炼 60%	核心观点的呈现（20分）	
		能用例证、类比说明（20分）	
		能结合自身知识或经历（20分）	
	现场的呈现 40%	普通话标准流利（20分）	
		声音洪亮，符合礼仪规范（20分）	

最需要提升的是：

五、倾听和共享

富兰克林是美国政治家、物理学家，从小没上过几年学，12岁便进了印刷厂做印刷工人，但他却以博学著称。富兰克林酷爱读书，他曾说："读书是我唯一的娱乐。我从不把时间浪费于酒店、赌博或任何一种恶劣的游戏；而对于事业的勤劳，乃是按照必要，不厌不倦。"富兰克林21岁时，在美国费城召集了11名来自不同领域的热爱知识的人成立了"共读社"。"共读社"成员每星期五都会聚在一起讨论议题，这些学者来自不同的领域，每个成员轮流就道德、政治和自然科学提出一两个问题，供大家讨论；每三个月就所感兴趣的题目写一篇文章，在聚会上宣读。讨论在社长指导下，以真诚、求实的精神，而不是斗嘴的方式进行。他们在智力碰撞中产生思想的火花，不同学科知识相互启发，在学习之路上不再孤军奋战。

你认为读书会对学习有什么促进作用？富兰克林的“共读社”开展得卓有成效的原因有哪些？

（一）什么是倾听和共享

协作学习是一种通过小组或团队的形式组织学生进行学习的策略，通过学生之间的主动对话形成。倾听和共享是协作学习的基础，小组成员共同学习，一起解决问题。相比于个人独立学习，如果可以有效协作学习，在这过程中能学习到更多。例如，有的同学之间组织固定的学习小组，学习小组成员互相交流，课堂上共同完成一体化学习任务，课后一起复习、实训，搞组间比赛。在倾听和共享的过程中，要求小组成员有共同的目标，注意力都聚焦在同一件事上，并愿意分享自己的想法。小组内自发产生一种完美的合作过程比较不现实，需要建立一定规则和制度，如类似轮流发言的协调机制。

（二）如何应用倾听和共享

可以通过参加一些活动，找到适合自己的学习共同体，结识相关的学习伙伴。这样不仅能快速提高自己的知识储备，还有利于学习的坚持。

当周围不具备这种学习环境时，也可以主动去创造相关的学习环境。例如，一位父亲为了在家里营造学习氛围，决定每星期六晚家庭成员每人介绍在这一周学习到的新知识或分享自己的阅读所得。家庭成员会把自己要分享的主题提前发到微信群，这位父亲甚至会做一份课件。这个活动不仅让家里学习氛围更加浓郁，让每个人都收获了新知识，还锻炼了大家的表达能力，也让家人关系更加融洽。

总之，在学习过程中，学习者通过倾听和共享，能更加理解对方，为协作学习打下良好的基础。相比独自学习，通过协作学习能学习到更多，视野也更宽广，还能学习到合作技巧，也有助于在未来的工作和生活中更好地与他人合作。

活动训练

分享阅读书籍的学习方法。

1. 在本次阅读书籍的过程中，你应用了哪些学习方法？是如何应用的？请在班级进行分享。

2. 如果向你的同学介绍学习方法，你首推哪一个？理由是什么？

3. 未来你会坚持使用哪种学习方法？

4. 给自己在课程活动及学习过程中的表现打分。

陈述性知识学习方法及应用			评分
评价项目	课程内容的学习	能理解和应用归纳类比法（10 分）	
		能理解和应用问题驱动法（10 分）	
		能利用思维导图复盘知识（10 分）	
		能理解和应用以教促学方法（10 分）	
		能尝试去寻找学习小组，创造学习环境（10 分）	
	课程活动的参与	完成了所选书籍的阅读（10 分）	
		尝试运用科学的学习方法进行了精读（10 分）	
		分享了书籍的主要内容和学习心得（15 分）	
		分享了阅读书籍的学习方法（15 分）	

5. 学习本课，你最大的收获是什么？

知识巩固

1. 请向他人介绍费曼技巧。

2. 如何使用类比的学习方法？

3. 如何应用问题驱动学习方法？在没有工作的情况下如何创造职业任务驱动呢？

4. 为什么通过可视化复盘知识的学习效率高于纯粹的文本阅读？

5. 你如何看待学习金字塔得出的结论？

第二课　操作性知识学习方法及应用

学习目标

1. 掌握并能够应用观察与模仿法。
2. 掌握并能够应用刻意练习法。
3. 理解技能学习过程中的滞后效应。
4. 掌握并能够应用实践体验法，践行知行合一。
5. 掌握并能够应用动手创造的学习方法。

翻转课堂

本课导读

操作性知识学习方法及应用

- 观察与模仿（第 91 页）
  - 什么是观察与模仿
  - 如何应用
- 刻意练习（第 95 页）
  - 什么是刻意练习
  - 如何应用
- 实践体验（第 101 页）
  - 什么是实践体验
  - 如何应用
- 动手创造（第 103 页）
  - 什么是动手创造
  - 如何应用

阅读案例，并回答问题。

启功先生在书法学习上特别强调“一丝不苟”地临帖。一些青年拿着自己的书法作品来请教启功先生，希望能得到具体的指点，先生常常会语重心长地说：“那些都是次要的，最主要的，甚至是唯一的途径就是认真临帖。书法家临帖就如京剧演员吊嗓子，是基本功，每临一遍，就自然会有提高。”古人在书法练习当中也非常注重字字笔笔一丝不苟，进行精准、细腻地模仿，甚至在临摹古帖的时候，古人写错用笔划掉的部分也要模仿得一模一样，这即是“一丝不苟”。

思考：

1. 书法技能的学习和本单元第一课陈述型知识的学习有什么差别？

2. 启功先生认为书法练习最重要的是什么？

3. 启功先生的话对我们学习同类型的知识有什么启示？

操作性知识又称为程序性知识，是一套办事的操作步骤，是关于“怎么办”的知识。生活中的一些技能，如打网球、开车、烹饪、书法等，还有工作中的一些技能，如写作、编程、演讲等，这些都是操作性知识。不同于陈述性知识的学习，操作性知识学习一般从观察和模仿开始，然后进行大量的刻意练习，在实践体验中进行反馈和完善，最后脱离学习和模仿阶段，进入动手创造阶段。

活动训练

根据本专业方向，选取需要制作的专业作品或计划展示的专业技能。

1. 围绕所学专业进行思考与讨论，说说你所了解的专业作品有哪些？

2. 你的所学专业中有哪些实操性的工作项目？请描述并记录下来。说说你目前最感兴趣的一项专业技能是什么？

3. 请写出你将要制作的专业作品或计划展示的专业技能。

4. 请你说说本学习任务的目标和要求是什么？

一、观察与模仿

小明和小东是同班同学，两人都想学习舞蹈。小明去舞蹈学校参加学习，舞步并不复杂，但是他头脑中老是想着左右脚怎么放，每一步怎么跳，一直给自己下各种指令，过了好几周之后，才能自如地跳舞。小东则是有一天和大家一起参加一个派对，他全神贯注地看着同伴们跳舞，仔细观察，感受自己该如何模仿这些视觉图像，重复多次之后，他终于也可以跳起来，赶上了同伴们。

小明和小东学习舞蹈的方式有什么不同?

（一）什么是观察与模仿

学习一项技能，视觉图像有时胜过千言万语。观察他人的动作，然后去模仿学习，这种学习方式即为观察与模仿式学习。观察与模仿式学习是在没有明确指导下的自然情境中发生的，能将目标人群的行为模仿下来。

这种学习方式是本能式的。人类在婴儿时期，就是通过观察与模仿学会了走路、说话、吃饭等复杂的行为。如果大人用语言来描述，告诉孩子如何使用筷子，拇指、食指的位置和角度是怎么样，幅度和力度是怎么样，孩子听不懂也学不会；如果大人直接演示出来，孩子通过观察与模仿就可以学会了。当我们长大，学习一门外语远远没有学习母语有效率，是因为我们通过理性、逻辑来学习，没有通过观察与模仿学习的效率高。

学习者通过观察与模仿可学会复杂的行为和情感反应，这背后的原理跟我们大脑的运作有很大的关系。在上一课曾经提到，我们的大脑接受视觉信息比思考有效得多。研究发现，在人类大脑中有一种细胞叫镜像神经元，可以模仿出他人的复杂行为，并且完美地复制出来，每个人身上都具有这种能力，如婴儿时期学习走路、说话都是跟着模仿，自主地完成了整个过程。所以，学习外语时多看、多听、多说，效果要胜于背英语单词和语法；用各种理论方法学习舞蹈或者学习武术都不如找个好老师切切实实演示效果好。

> 你如何理解镜像神经元对人类学习的帮助？

镜像神经元能促进我们的学习，不仅仅是用眼睛看，还会用身体去感受，即会把对方的感受映射到我们内心中，产生共情，然后在大脑中进行模拟训练和回放。另外，研究也发现，当有具体、明确的观察目标时，人的镜像系统比进行随机性的行为时更加活跃；如果能更好地理解目标，人们便可将精力集中在模仿的关键环节上。

（二）如何应用观察与模仿

观察与模仿式学习是我们身体里被隐藏的巨大潜能，也是被低估的学习方式。我们如何更好地通过观察与模仿来学习呢？以下几种是可以提升观察与模仿式学习效果的方法。

1. 尽量选择在真实的场景中观察，与观察对象产生真实的互动

如学习汽车发动机维修，在教室里看录像的效果便没有在实训车间里看老师演示同时提问效果好。在真实的互动中我们会更加注意模仿对象的行为。比如，在学习英语时，如果周围是以英语为母语的环境，就会更快地学会，因为在真实语言环境里进行练习和交流能带来适当反馈。再比如，有一群终身学习爱好者常常在网上进行交流，但是也会组织线下活动，有的人即使住的很远，也愿意花费时间赶到现场进行交流，因为在真实场景中的交流会带来更加深刻的体验，通过观察人真实的行为，会带来更多的触动和感受，帮助自己模仿榜样的行为。

2. 将需要模仿的行为分解为小模块，同时了解行为背后的逻辑

有些技能比较简单，但是有些比较复杂，如果一次输入的内容太多，可能一下子记不住所有动作。这时可以把这些动作和行为分解为一个个小模块，以减轻认知负担，每次观察集中在某一个小目标上，这也利于我们保持专注。在模仿小模块动作的同时，可以思考该行为背后的逻辑是什么，为什么做这个动作，目的是什么，这种思考有利

于帮助我们建立行为和应用场景之间的关联。

3. 保持专注

所谓专注就是让自己的心智集中到观察目标上，心里除了当前的观察对象，没有丝毫杂念。通常我们的大脑就像大海，总是翻腾着各种想法。比如，在练习打球的时候，可能想着旁边的同伴会怎么看，这个动作会不会很笨拙？姿势够不够优美？或者想在其他人面前表现一下，满足一下虚荣心，又或者想着昨天晚上看的一部电影，甚至还在想着等结束后去哪家店吃饭等，这就是杂念。我们的注意力不断分散，念头一个接着一个。专注意味着此时此地，能专心一处，不允许内在或外在的因素去分散注意力，完全专注于观察对象。在观察时，为了确保专注，可以尝试一种简单的方法：观察呼吸，把注意力只集中在身体的呼吸上，这会让自己短时间内达到物我两忘的状态。

观察与模仿式学习，是本能式的学习。我们可以观察一下儿童的学习，他们学习极其专注，全情投入，反复练习，不怕“丢脸”，不会不停地去评价自己，这些都是观察与模仿式学习的关键所在。

在学习本专业时，如何应用观察与模仿的学习方法？

活动训练

1. 观察与模仿专业作品的制作或专业技能的操作。

（1）观看一段视频（某作品制作过程或技能操作过程视频），然后请你写出整个流程和关键步骤。

（2）请以小组为单位，进行一套动作（一段舞蹈或一套体操等）的模仿练习。

（3）仔细观察所选的某一件专业作品的制作过程，或模仿某一项专业技能的操作过程。

2. 分解并记录某一件专业作品制作的步骤或某一项专业技能操作的步骤（可以流程图的方式呈现，并进行分享）。

3. 模仿并尝试完成某一件专业作品制作或某一项专业技能操作，并做以下思考和练习。

（1）你为本次专业作品制作或专业技能操作做了哪些准备？比如，操作流程是否清晰可行？材料工具是否齐备等。同学之间相互检查评价，并提出改进建议。

（2）对本次专业作品制作或专业技能操作进行自我评价。

已掌握的部分：

需要改进的部分：

【小提示】矩阵式流程图的绘制方法

矩阵式流程图是一种常用的工作流程图，分为纵、横两个方面，纵向表示工作的先后顺序，横向表示承担该项工作的部门和职位。通过纵、横两个象限的坐标，可以达到我们的工作要求，即解决了先做什么、后做什么，也解决了某项工作由谁负责的问题。

流程图中各种形状的选择：

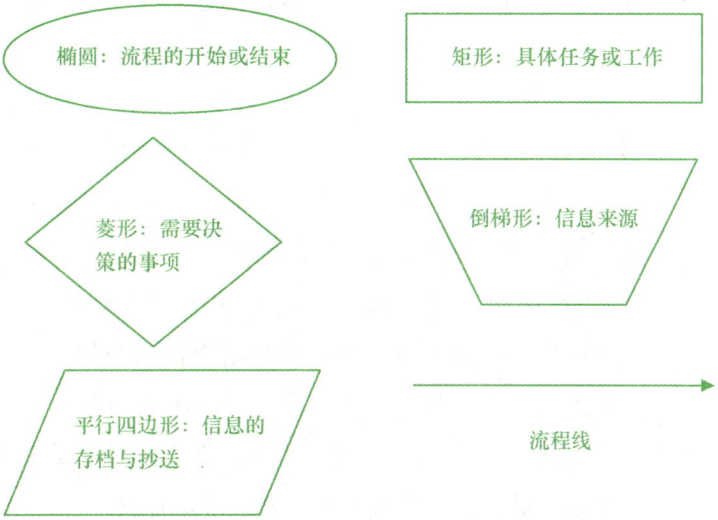

流程图可以通过 Visio 制作完成，全选复制后，贴入流程图表格框内。

二、刻意练习

富兰克林在自传中介绍了自己是如何学会写作的。说他偶然看到《观察家》杂志的散本，读了几遍，非常喜欢，觉得文章写得非常好，想模仿里面文章的风格。于是，第一步，他挑选了里面非常喜欢的几篇文章，把文章的每一句做个摘要，大致知道该句话要表达什么，然后放置几天；第二步，不看原文，对着摘要，用自己的语言重新进行遣词造句，将每篇文章主要内容表达完整之后，和原文进行对照，发现一些缺点，进行修正；第三步，在第二步中他发现了自己的词汇贫乏，想出写诗是个好办法，能迫使自己不断搜索同义词，因此，他把文章中的故事用诗的形式表达出来；第四步，当差不多要忘记原文的时候，拿出自己改写的诗和摘要，有时他也会把摘要的顺序故意搞乱，然后用自己认为最好的顺序进行重新排列，拼成一篇文章，在和原文比较时发现很多缺点，再加以改正。

富兰克林学习写作时有哪些可取的地方？

（一）什么是刻意练习

很多人认为杰出源于天赋，天才却认为，他所取得的成就源自反复练习。一位心理学家通过研究体育、音乐、国际象棋、医学等不同领域的杰出人才获取成就的原因，提出了“刻意练习”法则。

广为人知的 1 万小时定律是指人们眼中的天才之所以卓越非凡，并非天资超人一等，而是付出了持续不断的努力。1 万小时的锤炼是任何人从平凡变成世界级大师的必要条件。需要注意的是，1 万小时定律必须是在刻意练习下的 1 万小时才有效。

有的同学说，我学习不好是因为笨，那些杰出人物之所以成绩斐然是因为天赋异禀，你赞同吗？

通过练习可以铸就天才。莫扎特 4 岁时就能分辨任何音乐的声调，7 岁就举行了大型的音乐会。似乎他是天赋异禀，能力与生俱来。但是莫扎特在 4 岁的时候，他的父亲就已经全职教他音乐，每天进行高强度的音乐训练。著名的钢琴家郎朗，从 7 岁上小学开始，每天 5 点多起床开始练琴，除了上学、做作业，要练将近 6 小时的钢琴，节假日和寒暑假还要加倍练习。所谓的天才无非是正确的方法加上努力的训练。我们常常认为没天赋再练也没有用，心理学家通过大量的研究发现，潜能是可以被锻炼出来的，就像健身能练出肌肉一样。

练习能促进技能学习的原因与我们的大脑运作有关系。大脑运作是需要工作记忆空间的，工作记忆空间有限是人类认知的瓶颈。如何有更多的空间？一种是合并，一种是压缩。合并是将客观知识之间建立联系，完成整合；压缩主要是通过大量的练习，从而将“笨拙”的、不熟悉的动作变成一种自动反应，如我们刚开始学系鞋带、学跳绳，都是从费力阶段开始，然后达到不通过大脑思考自动完成，就是通过练习将低层次的思考过程自动化，给更高层次的思考留出更多的工作记忆空间。

练习分为有效练习和无效练习。大多数人开一辈子车也不能成为赛车手，做一辈子饭也不能成为米其林大厨。有效练习不等于长时间练习，也不等于重复练习。有效练习是进行有目的的、跳出舒适区的练习。

综上所述，无论在什么行业或领域，专家级的水平都是可以训练出来的。练习者想要达成某个目标，关键是找到一系列的任务，然后按照一定顺序完成它们。这些任务是练习者正好不会做，但是可以通过学习掌握的。

（二）如何应用刻意练习

如何应用刻意练习，帮助我们日常的学习呢？

1. 向高手学习

尽可能寻找该领域最优秀的专家、高手或者经典书籍，这样可将自己和这个领域高水平的心理表征进行对比，获得高质量的反馈。如果身边没有优秀的专家和导师，可以用案例或者经典的书籍进行替代。富兰克林学习写作就是通过学习和模仿《观察家》上高质量的文章，是在没有导师的情况下，通过解剖高水平的案例进行的刻意练习。

2. 将学习任务进行拆解，分为若干小目标

我们的大脑能同时处理的信息是有限的，如果一开始就面对一个

大任务，大脑会有畏难情绪，产生恐慌和焦虑，可以把复杂的任务分成若干模块，分步骤进行。如有的同学练习一首钢琴曲，可以分解为先练右手，再练左手，熟悉后再练合手；遇某一个段落不熟练，则反复练这个段落，直到能不假思索完成。富兰克林学习写作就是将写作分解为词汇和文章结构，分别进行专门的训练。

3. 在学习区练习

心理学家把人的知识和技能分为三个层次：最内一层是“舒适区”，是我们已经熟练掌握的各种技能，如我们已经可以不假思索、不费力地去骑自行车；最外一层是“恐慌区”，是我们暂时无法学会的技能；二者中间则是“学习区”。只有在学习区里面练习，一个人才可能有进步，可根据自己现有的真实水平选择进阶的步骤。要客观地看待自己真实的技能或知识水平，依次进行。如有的人工作后想学习英语口语，但因为多年不接触英语，实际英语水平可能倒退至初中水平，要真实面对自己的现状，一步步进行训练。

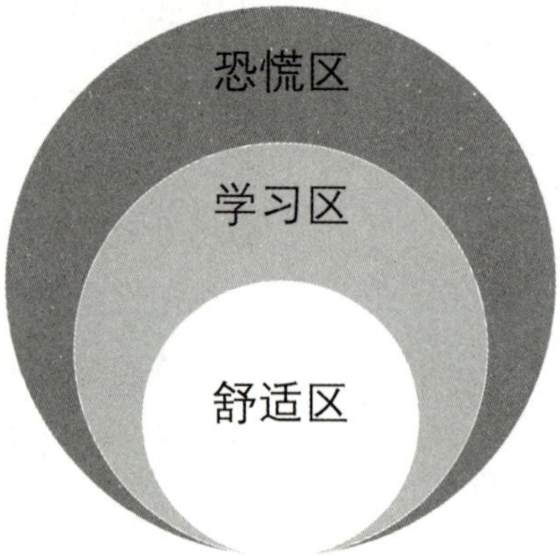

4. 分散练习

如果练习总时间相同，分散练习比集中练习效果更好，如学习英语口语，每晚 45 分钟集中练习，就没有早、中、晚各 15 分钟效果好。短时间的持续练习最能加深记忆，我们大脑也有时间去思考如何应用，还可以反思哪个地方需要改进。

5. 持续获得有效的反馈

练习效果如何，需要有人随时指出，看不到结果的练习就等于没有练习，如果只是应付了事，不但不会变好，而且还会导致对好坏不关心，没有了精进之心。从这个意义上来说，刻意

> 阅读上文中富兰克林学习写作的方法，分析他践行了哪些刻意练习的原则？

练习就是围绕纠正错误、消除生疏为中心的练习。反馈要越及时、越具体越好。

如果没有老师指导，在完全是自学的情况下，可以自己制造一些反馈。如学习书法，可以将自己的书写与原帖进行精确比对，寻找差异；学习吉他，可以自己录音或录像，看看自己出现的各种问题；学习演讲，可以把自己的演讲录下来，通过录像发现自己的肢体语言、声调等方面出现的问题。

6. 创意练习

有时练习过程有些枯燥，可尽可能设计有创意的方法来练习关键技巧。如有的公司设计 3D 培训游戏，将公司优秀营销人员的经验与工作中的情境融合在一起，变成有趣的情节，让员工在游戏中学习营销技巧；还有的通过游戏，教会玩家学会编写代码，游戏角色通过代码的指令完成战斗等。这些严肃游戏或者教育游戏都是通过有创意的方法来训练关键技能。

在应用刻意练习方法时，需要重复练习；或者在刻意练习时总是在犯错误，然后改正错误，不断重复这个过程。重复的事物会让人觉得难以坚持，这不一定是一个愉快的过程，学习从某种程度上来说是“反人性”的。那在使用刻意练习时要注意些什么呢?

一是滞后效应。学习技能需要一些耐心，坚持一段时间再下结论。做事没有成效，可能不是因为前期方向方法不对，而是忽视了滞后效应，在看不到成效的情况下匆忙地换了策略。如有的人精通多国语言，问其有什么秘诀，回答就是两个字：耐心。确定一个固定的学习对象，长期坚持，“熬”过滞后期，就会有不一样的结果。

兴趣是最好的老师吗?

二是不要让“没有兴趣”成为放弃的借口。我们总是听说“兴趣是最好的老师”，也听过很多名人沉迷于自己的兴趣最终获得巨大成就的故事，但是我们不能将“没有兴趣”作为自己放弃的借口。回顾我们做成功的事情，往往不是兴趣带来的，而是通过自己的行动获得了点点滴滴的成就感，推动自己不断精进。兴趣来源于我们的成就感，成就感又滋养了兴趣。一些能给我们带来长久价值的技能开始并不是有趣的，需要我们跳出舒适区，付出一定的脑力或体力，有价值产出才会产生成就感，兴趣是“擅长”带来的“副产品”。

刻意练习是非常高效的学习方法，每个人通过有效的练习都能获得自己想掌握的技能，体会努力之后的成就感。但是，在练习过程中需要全神贯注，熬过滞后期，保持耐心，克服一些困难才能继续下去。大多数人之所以长期保留自己的兴趣，也是形成了“有兴趣—刻意练习——产生成就感——更有兴趣——继续刻意练习”的良性循环。

活动训练

1. 请说说什么是刻意练习？

2. 选择一首诗或一段绕口令，每天坚持进行朗读的刻意练习；或者选择一幅书法作品每天进行书写的刻意练习。一段时间以后，看看你的水平有没有提高。

3. 对你所选择的专业作品制作或专业技能操作的要点进行刻意练习，做好每一次练习的记录，并以图片、视频、文字等形式，利用网络在班级进行打卡及分享活动。

三、实践体验

海伦·凯勒是著名的作家和教育家。她在一岁半时失去了听力和视力，也失去了学习语言的能力，陷入了黑暗和孤独的世界。即使如此，她仍先后完成了14本著作。在7岁那年，她的父母请来了莎莉文老师。海伦学会的第一个单词就是“水”。起初，老师在海伦的手心拼写了“水”这个单词，但是她根本无法理解和记忆。莎莉文老师把她带到喷水池边，让海伦的手放在喷水池下，清凉的水在她的手上流过。莎莉文老师在海伦的另外一只手上写了“水”这个单词。海伦猛然醒悟，水就是这种清凉而奇妙的东西，她在自传中写道：“水唤醒了我的灵魂，并给予我光明、希望、快乐和自由，喷水池的经历让我求知的欲望油然而生。”

海伦是通过什么方式学会“水”这个单词的？对我们学习有什么启示？

（一）什么是实践体验

实践体验式学习是人们通过亲自体验或亲身操作实物，调动运动感知方面的能力，给抽象的文字描述赋予真实的含义，从而获得初体验，拥有好奇心，然后去探寻更详细的文字解读或逻辑推理。

心脏科医生会告诉患者，不能喝酒、吸烟，否则必死无疑，但是调查显示，只有1/7的人真正愿意去改变——感性和情绪的力量比我们想象的大很多。在我们想改变行为时，思维只是提供方向，动力却来自我们曾经的实践和体验。

近年来，具身认知理论得到快速发展。研究证明，身体在塑造精神方面具有强大的作用，大脑可以通过身体的感觉和体验来认知世界，充当最原始的老师，辅助人们更快地学习、认知世界。另外，通过实践体验还可以帮助学习者更好地应用知识，更好地理解知识应用的场景，让那些一般情况下容易忽略的特征显示出来。同时，实践体验的方式也更充满乐趣，更能激发人的好奇心，提高参与度。

（二）如何应用实践体验

实践体验可以动用我们的身体智慧，充分调动身体感知力，帮助我们更好地理解抽象概念。在学习中如何应用实践体验的学习方法呢？

第一，在学习过程中，不能只满足于知道，要到真实场景中去实践它，避免知而不行。例如，我们已经学习了各种学习方法，可以把最触动自己的一个学习方法写下来，同时设想在什么场景下会运用到它，如何运用，或者日常学习应该如何操作，找出一个行动点。真正的成长不能只是停留在“知道”，而是改变自己的行为，在生活中能真正践行。

第二，如果没有真实的场景，可以采用一些模拟实践练习。例如，为了训练自己的沟通能力，除了在现实生活中应用沟通技能，还可以进行一些“思想实验”，用想象力沿着真实可能的逻辑推理，尝试并学习处理一些场景中的问题。在实践体验过程中会将我们忽略的特征或细节凸显出来，有些提前想不到的细节会涌现出来，在实践过程中积累经验。我们学习技能，也需要亲自去实践，不断试错，然后不断完善。

第三，通过创造新的体验改变原有的行为。有人形象地把我们的理性和思维比作骑象人，身体和情绪比作大象。大象的力量很大、很感性，而且不一定受理性和思维驱使。这就是为什么我们想养成一个好习惯、行为，却常常在现实中“被打脸”。但是大象有一个特点，就是受经验所驱使，一旦曾经体验过某种行为的好处，就会保留在记忆中。所以，想改变行为，就需要创造新的体验替代旧的经验，获取新的反馈和强化。亲身感受到的道理和听来的道理对于改变我们原有行为的促进作用完全不同。

总之，实践体验式学习能帮助我们运用运动感知系统，建立抽象概念和实际意义的对应关系，能更加理解知识和技能与应用场景之间的关联，通过创造新的体验也能从根本上改变我们的行为。但是，实践体验式学习也有其局限性，因为学习不能完全是在具象世界中，还需要过渡到高效的抽象世界中，有些学习活动不能过度依赖实践体验。

四、动手创造

小雨是一位美食爱好者，业余时间喜欢自己制作各种美食，并将美食拍照，制作成图册。她定期约好友到家里做客，让好友从图册中选择食物，请大家一起品鉴，之后将大家的反馈记录下来，在下一次制作中进行改良。如此一次次的改进，完全停不下来。小雨非常享受制作美食和分享美食的过程，也主动学习关于烹饪方面的知识，还会搜集相关的书籍，购买精美的餐具，在网上上传美食教程，结识了众多志同道合的朋友。在周围朋友的眼中，她是一位名副其实的“美食达人”。

小雨是如何成为“美食达人”的？

（一）什么是动手创造

动手创造是创作出可以与他人分享的作品的学习方法，作品可以是制作的美食、酿制的酒、撰写的小说、编写的应用程序等。动手创造可以激发学习者的学习热情和探索新知的积极性，在创造过程中积累实际经验，该项活动也可成为一项终身的兴趣爱好。

一个作品或成果被创造出来不仅具有实际的价值，还会给人带来极大的精神愉悦感。学者陈海贤把生活的乐趣分为两种：消费性快乐和创造性快乐。消费性快乐顾名思义就是消费他人创造出来的产品，如看美剧、刷抖音、刷朋友圈，能获得浅层次的快乐体验；创造性快乐是自己作为产品生产者和创造者，发挥自己的才能，辛苦工作，在创造过程中体会到深刻的成就感。有时看完美剧或刷完朋友圈会有一种空虚感，这就是消费性快乐消失后所产生的；而创造性快乐带来的是非常深刻的成就感，觉得自己变得越来越好。

学者陈海贤将生活乐趣分为哪两种？对我们有何启示？

动手创造能滋养人的精神世界，令人内心满足和愉悦。通过动手创造还可以培养一项兴趣爱好，因为动手创造能带来乐趣，并形成持久的兴趣。兴趣是需要学习的，如书法、乒乓球需要几年以上的时间学习，否则很难终身保持这个习惯。我们的休闲时间除了用来休息和放松，还可以选择一项愿意投身的活动，通过动手创造的方式，去培养一项终身的兴趣爱好。

（二）如何应用动手创造

通过动手创造能看到自己的劳动果实，收获自己的努力成果，带来深层次的满足感。在学习一项技能时如何应用动手创造的学习方法，主要有以下两点：

第一，学习时要有产品或成果输出意识。学习犹如一个闭环，有输入、加工整理、建立体系、内化和输出几个环节，如右图所示。我们的学习常常停留在输入环节，没有进行消化、整理和输出。在学习过程中，可以建立一种成果交付的意识。如有的人学习某项技能，就在网络平台记录自己技术方面的成长，或者边学边制作相关的教程；有的人将要学习的技能，边学边制作成电子书进行分享等。

从某种意义上来说，自己的作品和产品是我们与世界交流的唯一方式。从想法到产品是一个巨大的飞跃，产品是可以存留下来的，可能是可触摸的实物，也可能是虚拟产品。通过动手创造，可以将我们的学习成果以固态的形式输出，留存下来。

第二，创造条件进行动手创造。动手创造可以在教室、家里、实训场地等地点进行。可以利用现有资源，也可以通过网络获取资源，创造一些产品。创造过程注意要有合适的学习目标，有多次反馈和修正的机会，最好能结成学习共同体。不要夹杂太多功利的目的，就像培养兴趣爱好一样，最重要的是获得内在的满足感。

动手创造的学习方式可以促使我们形成一个不断提升自己的学习循环。通过动手创造能将我们的想法变成固态留存在世界中，使我们产生深刻的内在满足感；也会促进我们培养一项终身可以自娱自乐的兴趣爱好，而不是在休闲时间只满足于消费性的快乐。

活动训练

1. 请展示一件你自己亲自制作、引以为荣的手工作品，或讲述一次你维修某个物品的经历，注意说清楚工作过程。

2. 制作专业作品或展示专业技能，并接受测评。

（1）将专业作品或专业技能的完成过程和成品拍成图片或视频，整理之后在小组内进行分享。召开班级“专业作品和技能展示会”，进行分享和评价。

（2）课后请专业课教师进行评价。

参考评价表

评分标准			
内容	分值	得分	总分
与所学专业结合	10		
流程清晰	30		
操作规范	30		
作品美观实用	20		
有创新性	10		
评语			

3. 总结分享作品制作或技能掌握的学习方法与体验。

（1）想一想：在完成这一任务的过程中，你用到了哪些学习方法？效果如何？

（2）以交流会的形式，分享完成本单元任务的甜酸苦辣和经验。

知识巩固

1. 镜像神经元有什么功能？
2. 在应用观察与模仿学习方法时要注意什么？
3. 刻意练习法的核心观点是什么？
4. 如何进行刻意练习？
5. 滞后效应指什么？
6. 如何应用实践体验式学习方法？
7. 消费性快乐和创造性快乐指的是什么？

第四单元

提升自主学习的效率

大家经常会有这样的经历：每天，我们都要接收无数品类繁多的信息，但真正被记下的却寥寥无几；当我们打算坐下去看书或学习时，却又忍不住刷一下朋友圈；当我们因学习或工作需要去找一份资料时，身处信息海洋中却不知哪里能找到我们需要的。这些看似平常，甚至每天都在发生的事情，正影响着我们的学习效率，也是我们学习效率低的原因。那么，如何有效提升自主学习的效率呢？概况来说就是“找得到，管得了，静得下，记得住”。“找得到”是指能掌握信息搜索的方法与工具，能在信息的海洋中大浪淘沙；“管得了”是指能搭建笔记体系，把找到的、掌握的碎片知识进行有效的管理；“静得下”是指能让被各种精彩充满的自己，挤出一个个“番茄钟”专注学习；“记得住”是指能依据遗忘规律、利用记忆工具将知识留在自己的脑海。在本单元，我们将围绕“主题研究的开展与分享”这一学习任务，体验“找得到，管得了，静得下，记得住”的自主学习效率提升方法的学习过程。

第一课 碎片知识管理体系的构建

学习目标

1. 能够灵活运用各类信息检索技巧。
2. 能够利用网络搜索进行小型的主题研究。
3. 能够利用碎片化时间学习，将碎片知识整合进电子笔记中。
4. 能够用笔记软件搭建自己的电子笔记体系。

翻转课堂

本课导读

碎片知识管理体系的构建

- 如何提升信息搜索能力（第 112 页）
  - 生活场景下的信息搜索
  - 学习场景下的信息搜索
  - 工作场景下的信息搜索
  - 玩转搜索引擎
  - 对搜索力的辩证思考
- 如何搭建碎片知识管理体系（第 122 页）
  - 升级知识管理工具
  - 在电子笔记软件中搭建笔记本体系

阅读案例，并回答问题。

小英同学在一家企业中实习，她想利用业余时间提升自己，但是平时的空闲时间非常零碎，不能很好地利用，年初制订的学习计划到年底多半还没有实现。在时间碎片化这个客观条件下，如何提高自己的学习效率？小英咨询了母校讲授自主学习课程的林老师，林老师说，时间碎片化是个客观现实，但是仍然可以利用碎片化时间进行系统性学习。林老师建议小英借助一些工具，如时间管理工具、电子笔记软件和记忆工具等，能帮助她提高学习效率。

思考：

1. 上网搜索有哪些电子笔记软件，下载并试着了解和应用。

2. 什么叫知识管理？如何进行日常的知识管理？

3. 如何在网上搜索并下载所需要的电子书？

活动训练

明确一个你想深入学习和研究的小主题：

1. 独立思考，在本学期所学课程或生活工作中你最想了解哪方面的知识？为什么？

2. 小组讨论，每位成员组内分享想了解的相关知识，并选一名代表在班级分享。

3. 结合分享获得的信息及你感兴趣的知识内容，确定一个你想深入学习和研究的主题，并将研究主题的名称写在下面横线上。

我们在学习或工作中，时间往往被切割成无数的碎片，很难长时间连续从事某种学习或工作行为。但是实际上，我们的学习本身就是碎片化的。比如，每学期被分成20周，一门课程可能每周只有两节课。我们不能忽视碎片化的学习时间，哪怕只有5分钟或10分钟；也不要低估我们的大脑，它非常擅长把零碎的知识串起来。只要我们持续地学习，大脑就会逐渐构建一个新的体系。在这一过程中关键是要进行碎片信息的阅读与检索，然后整合进已有的知识体系中，同时升级知识管理工具，搭建电子笔记体系。

一、如何提升信息搜索能力

朱丹是大家眼中的搜索达人，她亲戚的孩子填报高考志愿，在两所大学之间犹豫，让她帮忙搜索有关信息。她先比较了两所学校历年最低录取分数线，发现相差不多。又比较了两所大学毕业生薪资待遇，也不相上下。她于是搜索在填报志愿的近一周内，两所院校在百度指数中的搜索热度，其中一所明显高于另外一所。在她亲戚孩子没有明显优势的情况下，她建议报考搜索热度稍差的那个大学。

从朱丹的例子中，你得到了哪些启示？

信息搜索能力是每个终身学习者都应掌握的基本学习能力。要能准确描述自己的搜索目标，找到垂直搜索渠道，发现更多同类型网站，并掌握一些高级搜索语法等，以在最短的时间内发掘出最有价值的信息，从而解决生活、学习、工作中的各方面问题。在信息化社会中，每个人都应具备信息搜索能力。

在日常生活你使用哪些工具进行信息搜索？

（一）生活场景下的信息搜索

在生活中我们会遇到各种形形色色的问题，如网购时想比较哪家价格更低，出行前想获取航班、火车、公交车等的动态数据，购买药品后想查询药品的真伪，就医前想判断一个医院是否可靠等，这些都可以通过信息搜索来得到答案。

朱丹通过查找目标院校在百度指数中的搜索热度，作为填报高考志愿的信息参考。由于当年院校在该地区的招生计划及往年的录取分数线是已知的，今年报考人数是未知的，她在百度指数输入多个目标院校，比较在高考成绩公布后至今这段时间内的搜索指数。根据大数据，报考人数和搜索指数呈正相关关系。在她亲戚的孩子没有明显优势的条件下，做出报考较不热门大学的建议。

百度指数是以百度海量的网民行为数据为基础的，通过它我们能查看某一个词在某个时间段、某个地区的搜索热度。还可比较同一个关键词在不同地区的搜索情况，可以洞察舆情，对搜索关键词的人群进行画像，了解其区域分布、性别比例和年龄段等。

在百度指数上查询你的学校近6年来在全国整体的搜索情况，其搜索峰值有没有规律性？

除了百度指数，还有新浪微指数和微信指数。

在生活中我们有时需要获取一些动态的交通信息，比如航班、公交车和火车的实时动态信息。

分别在新浪微指数和微信指数两个平台输入两个企业名称，比较一下谁更有影响力？

携程网上有航班动态频道，能了解航班实际的起飞时间、目前里程等信息；还有一款 Flightradar24 软件，它能向全球用户提供实时的航班信息数据，找到相应的航班，就能看到实时飞行的轨迹和航班数据。

火车的动态数据也能在网络中获取，如果你准备去火车站接亲友，火车是否晚点了呢？在 12306 的 App 中有正晚点查询，能了解火车到达的实时信息。

公交车的实时动态数据查询，可使用微信小程序“车来了精准实时公交”，系统会通过 GPS 定位，自动判断车到达的站点。

另外，一些导航软件除了提供前方路况，还提供全国各城市的交通实时拥堵情况，如高德地图。

用微信扫一下左边的二维码，介绍一下现在我国主要城市实时拥堵排名。

腾讯位置大数据网站统计了全球各地区、各景点分时段的实时人流量，提供了实时人口迁徙图，输入某个城市，便能了解该地迁入和迁出的热度排名。

（二）学习场景下的信息搜索

无论是在校学习还是工作充电，为了解决学习中的问题，我们都需要进行大量的信息搜索。如在网上搜索各类视频课程，寻找各种电子书资源，使用各种学习类的 App，在各种网站或专业论坛与共同学习者进行交流和互动等。下面对学习场景下的信息搜索进行介绍。

1. 搜索各类教学视频课程

有些同学可能对自己没有进入理想的学校、学习心仪的专业而感到遗憾，现在能通过网络学习来弥补。互联网上有丰富的国内外知名院校的视频公开课、资源共享课等资源。例如，网易公开课、中国大学 MOOC、学堂在线、MOOC 学院等。

在网易公开课上有国内外知名大学的视频公开课。视频公开课是课堂实录，每个片段时间较长，互动性稍差。慕课（MOOC，massive open online course）是近年来涌现的一种在线课程开发模式，制作精良，视频片段时间较短，比较适合碎片化学习。

如果想在中国大学 MOOC 学习，首先要进行注册，然后选择相应的课程学习。有人形容学习课程犹如“追剧”，这些课程定期进行更新，还需要提交作业，参加相应学习社区讨论，期末还有考试。

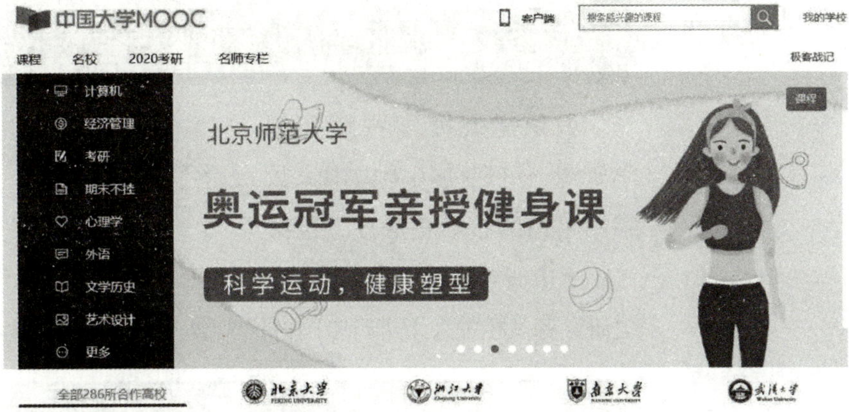

如果想学习一些实用技能类的课程，可选择网易云课堂、腾讯课堂、百度传课、淘宝大学等。这些平台的课程多涉及互联网、编程、设计、英语、考证等实用技能的学习，有收费的，也有免费的。在一些综合性视频网站（如优酷、爱奇艺）同样有一些视频课程。

2. 搜索各类电子书

在当今时代，阅读电子书往往比纸质书更为方便。电子书查找内容方便，可以检索；不占用物理空间，不会损坏，利于分享和保存阅读笔记；价格也更为低廉。那么，如何在互联网上搜索各类电子书资源呢？

全球有两个知名的电子书搜索网站：一是世界数字图书馆，全球读者可免费使用珍贵的图书、地图、手抄本、影片与照片等服务。该网站有中文页面，可使用中文检索，有在线阅读和下载功能。二是古登堡计划，它是世界上第一个数字图书馆，提供多种格式的书籍下载。所有书籍的输入都是由志愿者来完成的，并将这些书籍文本化。

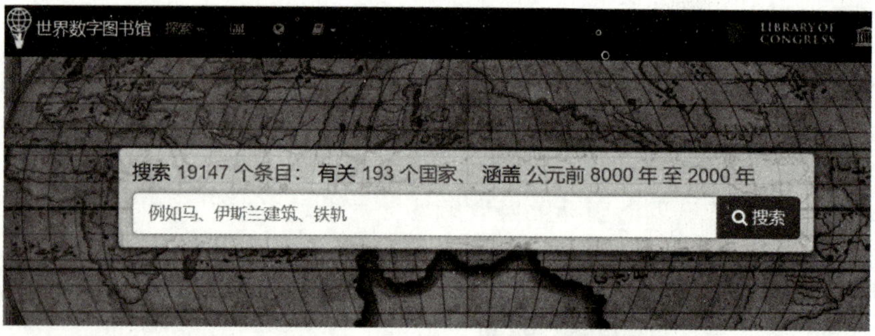

如果需要搜索古籍和国学资源，可以使用中国国家数字图书馆的古籍资源库，包括二十五史研习系统、全唐诗分析系统和全宋词分析系统等，都是辅助文史研究者及相关人士进行中国古代文学、中国古代史学习与研究的工具。

> 你能否能推荐其他的电子书搜索途径？

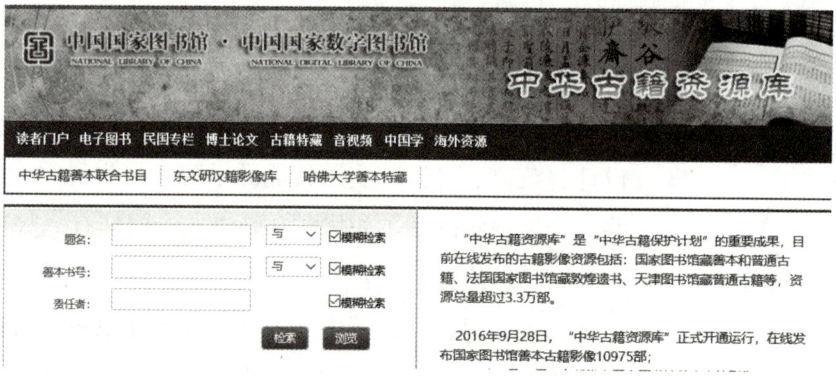

还有一些古籍在线图书馆，如书格、国学大师汉典和殆知阁，这些网站都集成了搜索功能。

3. 查找学术文献

如果想查找学术论文，国内的数据库有中国知网、维普网、万方数据等，国外的数据库有 Web of Science、Springer、EBSCO、PQDT 等。这些学术数据库多有权限限制，有的学校购买了部分数据库，在 IP 地址范围内可查询。

百度学术也提供文献检索服务，但不保存论文全文。根据权限，有些能免费下载，有些则不能。类似的学术搜索引擎还有谷歌学术和必应学术。

活动训练

搜集主题研究相关资料。

1. 你研究的主题要解决哪些问题或解答哪些疑问？请仔细思考，将主题进行分解，并将这些问题或疑问写在下面横线上。

2. 请使用生活场景下与学习场景下的信息搜索方法，针对你的主题研究开展信息搜索，搜集相关资料。

3. 小组内分享你在搜索主题研究资料中遇到的问题与困难，并将这些问题与困难进行整理，写在下面横线上。

（三）工作场景下的信息搜索

在工作中我们也需要进行大量的信息搜索，如搜索某产品的专利、行业的标准、公司的评价、行业的数据，或者在做设计时搜索图片、音频素材等。

1. 搜索标准、专利

在生产产品时，需要了解该产品的标准，如何获取呢？可以通过专业的标准查询网站，如工标网，但是有些标准文件是收费的。另外，还可通过国家标准化管理委员会的全国标准信息公共服务平台进行免费的查询和下载。

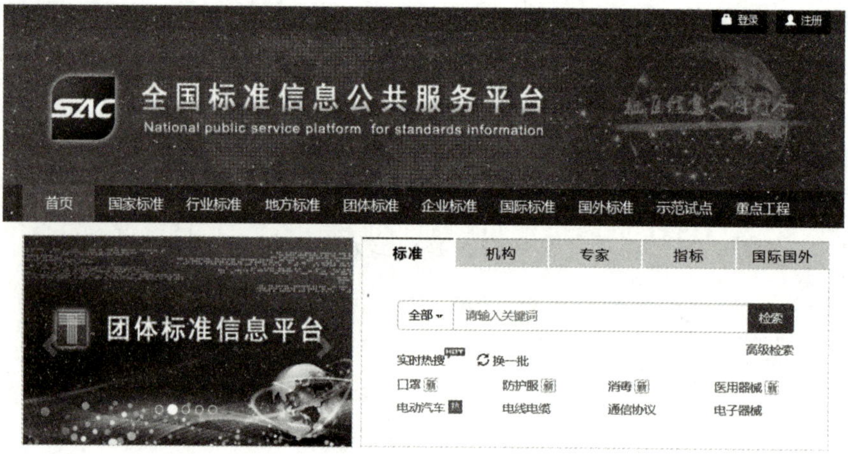

如果产品需要出口，要满足国外标准，如何查询国外标准呢？美国产品标准可登录美国标准协会的官网 ANSI 进行查询，想了解欧盟标准可登录欧洲标准委员会官网 CEN，进入 ISO 国际标准化组织官网也能查询国际标准。

设计和生产产品除了要找标准，有时还要搜索相关的专利。如何查找专利呢？可登录国家知识产权局官网首页，找到专利检索，进入专利检索和分析系统。国外的专利也能在线进行查询，如登陆美国专利及商标局（USPTO）网站，能看到专利申请全文和产品的图片，查询欧洲的专利可登录 Espacenet，在国家知识产权局官网也能检索其他国家的专利。

另外，Innojoy 和佰腾网也是常用的专利搜索引擎。

2. 搜索图片、声音、字体和相似网站

在工作中，常常需要搜索图片进行演示文稿制作或设计。互联网上有很多图库资源，有的图片是有版权的，有些是免费的。在 Pixabay 上有大量的免费图片和视频，图片和视频作者已将该作品献给公有领域。类似的免费获取图片资源的网站还有 StockSnap、VisualHunt 等。

在工作中除了搜索图片还可能需要搜索声音，包括音乐和音效。搜索音乐相信大家都非常熟悉，但有时偶尔听到一首音乐，却想不起叫什么名字，则可以用网易云音乐的听歌识曲、百度音乐、

SoundHound、Midomi 等进行搜索。搜索音效如打雷声、下雨声等，可以登录 Findsounds。

> 如果你所在社团的公众号平台准备发布信息，需要添加一些插图，想引用他人的照片，为避免版权方面的纠纷，该怎么处理？

在制作演示文稿或从事其他设计类工作时会用到字体。当系统内置的字体不能满足我们的需求时，需要搜索一些特殊的字体。提供字体下载的网站有字体之家、字体量贩等。在欣赏他人设计的作品时有时会发现一些很不错的字体，但又不确定是何种字体，可以拍照，然后登陆求字体网站，上传图片找字体。

当已知的网站不能满足我们的工作需求，还可以搜索相似的网站，以获取更多的资源。在 SimilarSiteSearch 上输入域名、关键词或者域名和关键词的组合就可以查询内容相似、功能相似的网站。

（四）玩转搜索引擎

垂直搜索效率更高，除非万不得已才使用综合类的搜索引擎。在使用综合类搜索引擎的时候，可使用一些小技巧和高级搜索语法，以提高查准率，事半功倍。高级的搜索语法有 filetype、减号、site、双引号、*、inurl、竖线等。

例 1：开学了，要做一个自我介绍的演示文稿，想参考网友们怎么做的，可以在搜索框中输入“自我介绍 filetype:ppt”，则搜索出来的文档均是 ppt 格式。这里“filetype”是限定检索结果的文件类型，缩小检索范围。语法格式“filetype: 文件格式”，这里的冒号是半角的英文冒号，支持的文件格式有 doc、ppt、xls、pdf、rtf、all，all 指前面五种格式均可以。

例 2：想搜索一些关于注册会计师的资料，进入搜索引擎，结果中却有一堆广告，这时可以输入“注册会计师考试 - 推广 - 推广链接”，这样结果中就去除了广告，获得想要的搜索结果。

这里的减号代表从搜索结果中去除某种关键字的结果，不包含减号后面的词的页面。使用这个指令时减号是英文状态的，前面必须是空格，减号后面没有空格，紧跟着需要排除的词。

例 3：基因编辑婴儿事件引起了社会各界的关注，在搜索时只想关注南方周末网站，则在搜索框输入“基因编辑 site:infzm.com”，结果只出现指定的南方周末网站的报道，排除其他无关网站的内容，这就是 site 的用法。注意 site 冒号为英文状态的冒号，后面直接加入该网站的具体域名，不需要输入“http://www.”。

site 语法适用于知道内容来源于该网站，不知道具体的位置，站内搜索功能不够强大；或者某个网站对某事件报道总是有第一手消息，则可以利用该功能梳理该事件的各节点发生了什么，进行系统的浏览。

例 4：搜索一段很长的句子，或者一道题目的答案，检索词有时会被拆分，查准率就会下降。这时，为了得到自己想要的内容可以加英文状态的双引号，如“2018 年成人高考语文真题”。

双引号是一种限制检索技术，用途是告诉搜索引擎检索词不能拆分。

例 5：很多时候不确定想搜索的具体内容，可以用星号代替忘了的字，应用星号进行模糊搜索，如搜索“竹外 * 三两枝”或“长城防 * 墙”。

例 6：如果想查找全国大学英语六级考试（CET6）的历年真题，在搜索框中可输入“历年真题 inurl:CET6”，结果就会出现类似 http://www.233.com/cet6/test/zhenti/ 的网站，即网址中均有“CET6”出现。inurl 也是限制检索技术，即搜索的单个关键字出现在 URL 链接中。

例 7：有时分享经济和共享经济词语会混用，想提高查全率，可以用竖线进行查询：分享经济 | 共享经济。竖线体现“或”的关系，竖线左右各有一个空格。

使用搜索引擎的技巧还有很多，谷歌甚至能支持计算公式，你可以试着去寻找一下其他的高级搜索语法，这些语法都比较简单，经常使用就不会忘记。

（五）对搜索力的辩证思考

一位心理学家曾经写道：人类自有历史以来，记忆力一直被视为最珍贵的天赋。我的祖父在70岁时，仍能用希腊文背诵他高中时所学的3 000行《伊利亚特》史诗。每次表演这一招，他都满脸自豪，老花眼瞪着遥远的地平线，铿锵的音节带领他重返少年时光，每字每句都令他回忆起初次学习这些篇章时的往事。背诗对他而言，就像是时光旅行……。一个能记住故事、诗词歌赋、球赛统计数字、化学方程式、数学运算、历史日期、《圣经》章节、名人格言的人，他的意识不受环境产生的秩序限制，总有办法自娱，从自己的心灵内涵中寻求意义。尽管别人都需要外来刺激——电视、阅读、谈话甚至药物才能保持心灵不陷于混沌，但记忆中储存足够资讯的人却是独立、自足的。

搜索时代还有没有必要记住事实性知识？现代人陷入了一种误区，认为在网络时代，没有必要记忆具体的事实性知识。《知识大迁移》作者威廉·庞德斯通认为，现代人陷入了两种误区：一是盲目自信，人类大部分成型的知识好像“外包”给了云存储，并视为自己的能力表现；二是很多人试图用方法性知识取代事实性知识，实际上，事实性知识就像一块块砖，方法性知识就像水泥，学习的过程是砖头和水泥共同建筑起来的一面知识墙，如果缺少了足够的砖，水泥再多也没办法构建知识城墙。

认知科学研究结果也证明，事实性知识可以促进人们的认知过程。若没有相关的事实性知识储备，是不可能进行批判性思考的。一个人进行逻辑思考，大部分时间是在进行记忆检索，人们利用记忆来解决问题的次数比预想的要多得多。对某一方面了解得越多，越能更好地理解该领域的新知识。同理，头脑中储备的信息越多，越能更快地吸收新内容，学起来就更容易。所以，读书快的人不是有速读技巧，而是阅读量极大，有更好的理解能力，会产生“大者恒大，强者恒强”的效应。

有了知识才可以想象，才能够解决问题和激发一个人的创造力。知识确实是应用起来才有价值，但是若没有事实性知识的储备，有效的思考也无法进行。只有掌握了事实性知识，才能更好地进行搜索。在向搜索引擎发出命令时，头脑中必须先有个概念，才能进行下一步搜索。搜索结果出现之后，也要有相关的背景知识去判断该结果的可信度。

所以，即使在搜索时代，也不能忽略事实性知识的学习和记忆，必须加强阅读，因为书籍比其他任何活动更能接触到丰富的事实和词汇。大量数据和无数的例子也证实，阅读让人终身受益。

二、如何搭建碎片知识管理体系

张老师是位有多年教龄的历史老师，各种课件、教案资料都需要分类保存。一直以来，这些课件、教案资料有的被存放在办公计算机上，有的被存放在U盘里，有的被存放在家里的计算机中，分散在浏览器的收藏夹、微信的收藏里等，非常零散，想进行检索也很困难。从今年起，张老师有意识地打造自己的教学资源库，在印象笔记App中为历史课专门建立了一个电子笔记，将教案和课件分门别类地放在电子笔记中的相应位置；参加培训或听课的点滴心得，也拍照上传或者直接在电子笔记中书写；业余时间在微信或网页上看到的历史资料，就加上自己的批注一键收藏到电子笔记中；对于一些历史资料的纪录片或影视作品剪辑等，把链接或视频文件存放在电子笔记中。现在，张老师可以随时在手机App上搜索材料，快捷方便，极大地提高了工作和学习效率。

张老师是如何进行知识管理的？

（一）升级知识管理工具

我们处在一个信息爆炸的时代，每天有海量的信息涌来，但我们的时间却被切割成无数的碎片，我们经常处在各种碎片化的学习场景中，如地铁上、等车中、行走中、课间中等。我们获取到各种碎片化的知识，有的来自与他人交流，有的来自某个公众号的推送内容，或者来自某个网页。知识的形式和载体也多种多样，有的是图片、文字、网页文本，有的是声音或视频。那么，该如何对这些碎片化的知识进行管理呢？

> 你觉得纸质笔记有哪些缺点？

想要对碎片化知识进行妥善管理，可以升级知识管理工具，养成用电子笔记进行记录的习惯。将笔记内容存放于网络中，只要键入关键词，立刻就可以搜索到相关内容；进行笔记的更改和增添也非常方便，可以随时记录。现在市场上电子笔记软件多种多样，有印象笔记、有道云笔记、OneNote 等，可以从功能、同步速度等方面选择最适合自己的电子笔记软件。

使用电子笔记可以帮助我们内化知识，避免以知识的收集为中心、只囤积不消化的误区。虽然电子笔记可以高效收集各种碎片信息，网页内容、公众号文章等资讯也可以非常方便地一键保存，但是学习的过程是一个闭环，各种碎片信息集中于电子笔记中只是相当于完成了输入环节，还需要后续的加工整理、建立体系、内化和输出。

（二）在电子笔记软件中搭建笔记本体系

下面将以印象笔记为例，介绍如何搭建笔记本体系。

1. 笔记本体系的主要构成

根据学习闭环理论，笔记本体系可分为三大部分。

第一部分：信息中转站。该部分内容是存储各种来源的信息，是进入笔记本体系的第一站，即学习闭环中的输入环节。该环节的内容是原材料，未经过加工整理，只是经过第一次自己的大致浏览和阅读，没有深入阅读。信息中转站是暂时存放知识信息“食材”的地方，后面再对该“食材”进行深入加工和整理。

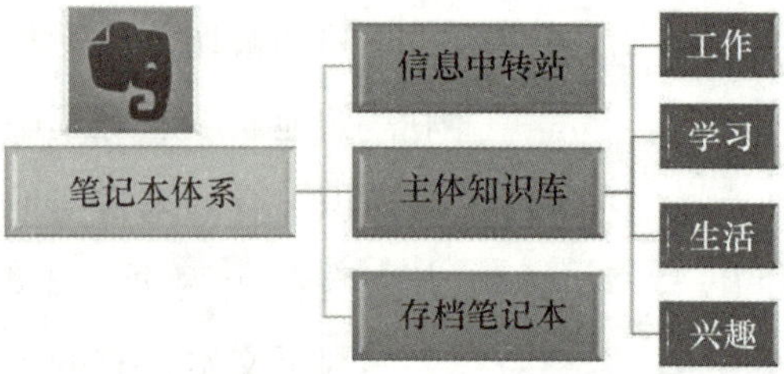

第二部分：主体知识库。定期（如每星期）将信息中转站里的内容进行阅读和整理，清空中转站；标注素材中的重点，做好相应的笔记，然后放置在主体知识库中。主体知识库要用唯一的分类维度，建立多个不同类型的笔记本组，如可分为工作、学习、生活、兴趣四大类型的笔记本组。

第三部分：存档笔记本。有时结束了一个项目，完成了一项任务，可将原有的笔记内容进行存档，不再使用的或者使用比较少的内容可转移至存档笔记本组内。

2. 做知识内化笔记

阅读信息中转站的各种碎片信息，需要进行整理归类，这一过程非常重要的环节就是做笔记。可以将里面的重要内容、观点、概念或一个故事，用印象笔记的中“高光”功能进行标注，之后加入一个 1×1 的表格，类似于插入一个卡片，然后在其中做相应的笔记。

利用之前学过的费曼技巧，假设要把该内容教给别人、和他人分享，则联系现实生活中具体的例子，用自己的语言重新表达出来。这个过程即知识内化的过程，也是与作者进行对话的过程，即不仅仅吸收知识，而且还生产出新知。做完笔记之后，将该条笔记移动到主体知识库相应的笔记本组内。除了做文字笔记，还可以用思维导图或手绘等形式梳理信息和知识，插入到原素材内。

总之，要纠正“以知识的收集为中心”的学习观念，加强知识的吸收和内化。也许阅读速度会变慢，但这是深度理解和深度学习的过程，让学习成果可累积。

3. 对笔记本进行编码

电子笔记本如果想让其能在 1 年、3 年、5 年内甚至终身使用，就要具备规范性和系统性，需对笔记本进行编码。如何对笔记本体系进行编码呢？可参考杜威十进制分类法。该分类法采用三位数字代表分类码，共分为 10 大分类，每个大分类下又分为 100 个中分类，每个中分类下有 1 000 个小分类。这种分类法应用于众多国家的图书馆分类。10 个大分类如下：

000- 总类	100- 哲学与心理学	200- 宗教	300- 社会科学
400- 语言	500- 自然科学	600- 应用科学	700- 艺术
800- 文学	900- 历史与地理		

我们日常的笔记本体系涉及范围没有那么广泛，但可借鉴其编码系统。如将信息中转站笔记本组编码为 000，学习编码为 100，工作为 200，生活为 300，兴趣为 400，存档为 500。运用数字命名的笔记本组，在印象笔记中会自动排序，层次非常清晰。

在各大类下面，根据自己的实际需要建立相应的子类。印象笔记支持三级目录，如学习 100，下面再建立笔记本组，将其命名为 101 心理学、102 英语等。根据自己实际需求建立笔记本组，凡是学习类的可以编码归入到学习大类中，如下图所示。

试用思维导图初步梳理你的笔记本体系。

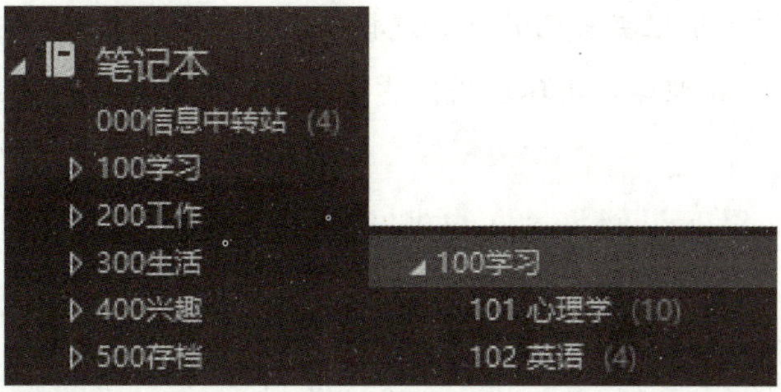

4. 具体的操作步骤

如何具体搭建自己的笔记本体系呢？首先，在思维导图的基础上，梳理自己当前的关注点、兴趣点等。之后，在计算机或手机上下载印象笔记软件，进行注册和登录。只要记录完笔记，点击同步功能，计算机客户端和手机端都能共享相同的内容。最后，在印象笔记中建立对应的笔记本组和笔记本。按照上述介绍的编码原则进行编码和命名。

笔记本体系处于变动的状态，不可能一开始就尽善尽美，还需要不断完善和更新。

活动训练

1. 在手机或计算机上下载印象笔记，用杜威分类法进行编码，建立一个系统的笔记本体系；同时从网页上寻找一篇你感兴趣的文章，收藏进印象笔记的“信息中转站”，对该篇文章做一个内化笔记，然后移动到“主体知识库”相应的笔记本组内。

2. 建立笔记本体系，初步搭建碎片知识管理体系。

（1）小组内分享自己对所搜集资料的管理方法，以及遇到了哪些问题？

（2）请根据自己的喜好选择一款电子笔记软件，并下载安装（手机或计算机）。按照学习闭环理论搭建自己的笔记本体系，完成后在组内展示。

（3）将前期主题研究中搜集、整理及学习的成果移植到自己的笔记本体系中，并在组内展示。小组选派代表在全班分享。

知识巩固

1. 向他人介绍搜索引擎的高级用法，你会推荐哪些？
2. 在网上有哪些途径可以搜索到电子书？
3. 哪些途径可以了解一些交通的动态信息？
4. 你会推荐哪些在线视频课程网站？
5. 如何升级我们的知识管理工具？

第二课　提升学习的专注力

学习目标

1. 理解专注力对学习效率的影响。
2. 能够在学习中应用番茄工作法。
3. 能够在生活中训练自己的专注力。

翻转课堂

本课导读

提升学习的专注力

- 专注力对学习效率的影响 （第 130 页）
- 提升专注力的方法 （第 131 页）
    - 番茄工作法
    - 从小任务开始

阅读案例，并回答问题。

青年时的毛泽东在湖南第一师范大学求学期间常感伤自幼失学：少年学问寡成，壮岁事功难立。因此，他立言以身心之修养、学问之研求为主，用功读书，持之以恒。他还写过一副自勉联："贵有恒，何必三更眠五更起；最无益，只怕一日曝十日寒。"这副对联体现了毛泽东对"学习贵在有恒"精神的称道。毛泽东从青年到老年，都把读书看成第一生命。他有一句名言："饭可以一日不吃，觉可以一日不睡，书不可一日不读。"求学时，他专门到闹市区看书，任凭人来人往，只顾专心学习。有人问他为何在闹市里看书？毛泽东答道："我要锻炼自己不为乱所动，在乱中仍然集中全部精力去办成一件事。"——让自己在任何时间和场所都可以很好地学习。在求学期间，毛泽东还养成了坚持锻炼身体的好习惯，如冷水浴、日光浴、风浴、雨浴、游泳、登山、长途步行等。

思考：

1. 结合案例思考，提升专注力和提升学习效率有什么关系？

2. 如何培养我们的专注力？你有哪些建议？

一、专注力对学习效率的影响

李华同学打算利用晚上时间完成一项设计作业，他打开计算机，倒了杯清茶，播放轻音乐。刚写了10分钟，手机有信息提示音，于是他打开手机，和好友聊了一会儿。准备退出聊天时看到抖音有更新信息，又刷了一下抖音和头条。这时想想作业还未完成，回过神开始写作业。在完成作业过程中需要搜索一些素材，他上网搜索，在链接中发现一个有趣的网站，就顺便看了其他内容。此时，他感觉有点饿，想吃点东西，于是削了一个苹果……。等他回过神发现已经夜里10点钟了，作业才刚刚开了一个头。

在生活中你是否遇到过这类情形？应该如何避免？

注意力是一个人非常宝贵的资源，我们在学习的时候常常被互联网或其他事情所吸引，总是忍不住刷一下微信、抖音等，导致注意力分散，很难长时间集中精力做一件事。一个人的专注程度会决定他做事和学习的效率。

人的注意力在缺乏足够的管理和维护时，会进入一种混乱、涣散、无序的状态。对此有一个绝妙的类比，称为“精神熵”。

熵是物理学中的一个概念。自然界的一切物质都具有能量，能量有各种不同的形式，能够从一种形式转化为另一种形式，但在转化过程中，能量的总值不变，这是热力学第一定律。除了能量，物理学家还以物体内部分子不断振动的频率来衡量大小，这就是熵。它表达的是系统的混乱程度，越混乱，熵值越高。例如，在冰块状态下，水分子振动频率小，系统很稳定，熵值就低；当升华为水蒸气后，水分子四处乱窜，熵值相比冰块时增加无数倍。熵值增加表示系统从有规则到没有规则，从有序到无序的状态的演变。人的大脑里的念头或注意力若不能专注，就跟水分子一样，一片混乱。

每当信息对意识的目标构成威胁，就会发生内在失序的现象，也可以称之为“精神熵”。它会导致自我解体，使效率大打折扣。这种状况若持续过久，对自我将造成严重的损害，使自我再不能集中注意力实现任何目标。

与精神熵相反的是，我们的注意力都集中在当前的任务上，与任务无关的念头被屏蔽，也屏蔽了日常的琐事，大脑高速运转，心力非常有规律、有秩序，像一支有纪律的军队，去高效地完成任务。在这个过程中进入了一种忘我的境界，事情完成之后内心有一种极大的充实感和满足感。

分享自己曾经全神贯注、忘我地沉浸做某件事的体验。

在注意力集中状态下能够深度工作，而在注意力破碎状态下只能肤浅工作。深度工作是指在无干扰的状态下专注进行职业活动，使个人的认知能力达到极限。这种努力能够创造新价值，提升技能，而且难以复制。高质量工作产出 = 时间 × 专注度，在学习和工作时专注度达到最高峰，单位时间学习和工作的产出也将实现最大化。要想实现个人高效率的产出，需要长时间无干扰高度专注于单一任务。

二、提升专注力的方法

当许筝决定学习编程的时候，他知道自己同时还要教会自己的大脑如何深入下去。他的方法很极端，却很有效。“我把自己锁到一间没有计算机的房间里，只有课本、笔记卡片和荧光笔。”他会在计算机编程课本上做标记，将学到的关键点记录到笔记卡片上，然后大声读出来练习。最初，远离电子设备的日子很难熬，但许筝强迫自己坚持下去。他必须学会这些材料，要确保屋子里没有使他分心的东西。随着时间的推移，他保持专注的能力逐渐增强，到后来经常能够每天在那个房间里与外界隔绝 5 个小时甚至更久，不分心地专注学习这些艰涩的新技能。“到最后我大约读了 18 本相关的书。”他回忆道。

许筝在办公室对面的街上找到一间公寓，这样早晨就能在其他人到来之前很早来到办公室，毫无干扰地工作。“运气好的时候，一天第一次会议之前，我能有四个小时无人打扰的工作时间，然后下午或许还能有三四个小时。我说的是真正的专注——没有电子邮件，没有黑客新闻，只做编程。”

许筝的学习经历对你有什么启发？

专注能让我们做事更有效率，同时感觉更加幸福和快乐。如何提升专注力呢？

（一）番茄工作法

番茄工作法的创始人弗朗西斯科·西里洛，在他大学生活的前几年，在学习上一度学不进去、效率低下。不满现状、希望改变的他采取了行动，为了有效提醒自己、培养时间观念，他用一个状如番茄的厨房定时器给自己计时，后来由他整理的高效工作法便以“番茄”命名。

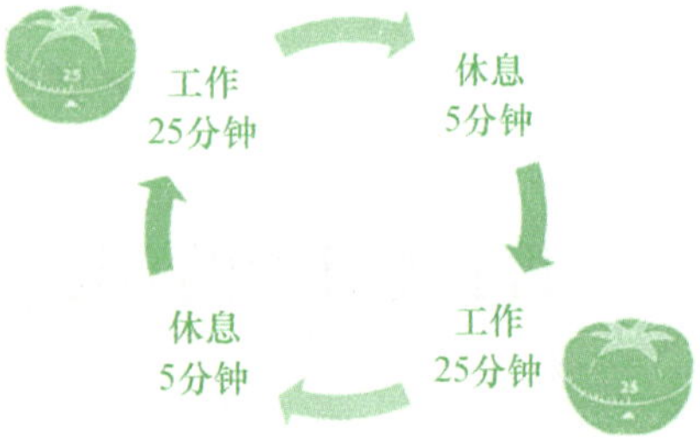

番茄工作法的操作非常简单，即设定一个番茄钟为 25 分钟，在 25 分钟内专注工作，然后 5 分钟休息时间；3 ~ 4 个番茄钟为一轮，之后休息 10 ~ 15 分钟。番茄工作法能使人在当下保持专注，减少被打断，提高对时间的感知力和掌控力。

任何个人比较重要的目标都需要纯时间的累加，可利用番茄钟进行有效学习时间的积累。将番茄钟作为自己的目标管理工具，通过它来锤炼自己。很多人在实践 1 000 个番茄钟之后，

如果计划在今后的一年时间里实践 1 000 个番茄钟，你准备做什么？

发现自己变成另外一个人，工作和学习不再分神，执行力和个人自律都得到了极大的提升。通过番茄钟量化自己纯粹学习时间的投入，也能更客观地看待自己的努力和付出。

随着番茄工作法的普及，也应运而生很多番茄工作法 App，如 Forest、Focus Time、番茄土豆等。一个好用的番茄工作法 App 至少要具备两条标准：一是能为不同学习任务计分；二是能提供准确的数据反馈，如每年、每月、每天的工作时间。

下面以 Forest 为例，介绍该款 App 的使用。

第一步，在应用市场下载 Forest，安装注册。

第二步，设置标签，设置学习任务或个人目标，然后点击开始，默认 25 分钟为一个番茄单位。在接下来的 25 分钟，页面上的树会慢慢长大。当使用者控制不住或潜意识地拿起手机，成长中的小树就会枯死，需要重新计时。如果在学习中确实需要用到手机中某款应用，则可在设置中将该应用放入应用程式白名单，这样小树就不会枯死，如下图所示。

当你想要专注的时候，就种下一棵树吧。　　在接下来的时间，树会慢慢长大。　　如果你在中途离开了Forest，成长中的小树就会枯死。

25 分钟结束后有 5 分钟的休息时间。在休息时间内尽量让自己放空，这样有助于稍后立刻进入学习或工作状态。对新手而言，不需要一开始就专注两个小时，完全不休息，学习需要节奏，一张一弛，纯脑力、高强度的番茄钟一天做 10 个就足够了。用每个 25 分钟培养自己对时间的感知力，形成内在的效率生物钟。

在番茄钟的 25 分钟内，不能自欺欺人，25 分钟应是纯粹的学习时间，喝水、上厕所之类的琐事要安排在番茄钟结束之后。番茄钟的每一分钟都是纯粹的学习时间和投入时间，而不是“自我感动，假装在学习”。

在做番茄钟时可以给自己制造些“仪式感”，如听固定的背景音乐可帮助我们更好地进入专注状态。心理学中有个概念叫“场”，我们走进图书馆，就会觉得这里学习气氛很浓厚，是一个“学习的场”，我们身在其中会自觉地压低声音，尽量不做阅读、学习之外的事情。我们也可刻意给自己养一个“场”，在某个空间只做某件事。如书桌原本是一个学习的“场”，如进行娱乐，就把这个“场”破坏掉了。“场”其实是在一个空间里的做事习惯，在这个“场”里做事的时间越持久、越单一，这个“场”的力量就越强。

活动训练

利用番茄钟，专注地开展主题研究学习。

1. 小组讨论，分享前期你在主题研究与学习任务中是如何安排时间的？学习效果怎样？

2. 下载 Forest 或其他适合你的番茄 App，先做两个番茄钟体验一下。

3. 根据番茄钟的特点，将你的主题研究剩余工作按每个番茄钟为单位进行分解，并将大致的分解情况列在下面。

4. 根据任务分解番茄钟的数量，安排时间推进表，体验番茄钟带来的高效、专注的学习状态。

（二）从小任务开始

长时间专注于小任务，会训练出专注力。小任务若想强烈吸引学习者的注意力，需要三个条件：明确的目标、与能力匹配、及时的反馈。满足这三个条件，学习者会进入专注力的最高状态。

明确的目标即目标不能太宏观，要具体，目标可以分解为若干小目标，专注于具体的小目标。

难度要与自己的能力匹配，上一单元介绍过学习区、舒适区和恐慌区的概念，学习应在学习区，难度不要太大，太大会有畏难情绪和挫败感，太容易会觉得无聊。给自己设置任务时，要了解自己当前的能力水平，设定合适的目标。任务是处于“最近发展区”内的，当该小任务轻松完成时，就进入下一个学习区，不断去提升难度。

例如，有的人想学习心理学，一开始拿起心理学家的经典著作，昏昏欲睡，完全看不懂，那就从一些较通俗的读物开始，再结合生活中具体事例进行反思，积累了一定的经验和认识之后，发现阅读通俗的心理读物已经相当轻松，就可以迈向下一个台阶。

关于及时反馈，一些游戏产品做到了极致。游戏环节环环相扣，步步为营，有时还会有意外的惊喜；玩得不对，可以立即调整。在精巧、极致的反馈机制下，诱人上瘾。对于小任务设计时要考虑反馈，不仅要及时还要具体。

除了以上办法，我们还可以在日常生活中训练自己的专注力，如规律作息、认真吃饭、认真听他人说话等，甚至可以培养每日冥想的习惯。也可以设定一些硬性的截止时间来强化注意力，在周围的人中公开该截止时间，告诉他人我什么时间要完成这个任务。一旦任务到了截止时间，大脑就会产生危机感，可以让我们注意力集中。另外，偶尔给自己制造一些“断网时刻”，摆脱手机的“奴役”，给大脑找一些高质量的替代活动，比如阅读、锻炼身体、和良师益友交往。还可以给自己的学习任务做减法，避免多线程的工作，将任务整合或者优先做最重要的一两件事。

总之，专注力像其他能力一样，是可以通过练习得到提升的，我们就从今天开始，从练习认真听他人说话开始，从做一个番茄钟开始吧！

你有哪些提升专注力的好方法，可以在小组内进行分享。

知识巩固

1. 你如何理解“精神熵”这个概念？
2. 什么是番茄工作法？
3. 如何训练自己的专注力？

第三课 提升学习的记忆力

学习目标

1. 了解影响记忆力的因素。
2. 能理解遗忘规律，并在学习中应用。
3. 在学习中能够主动使用助记软件。

翻转课堂

本课导读

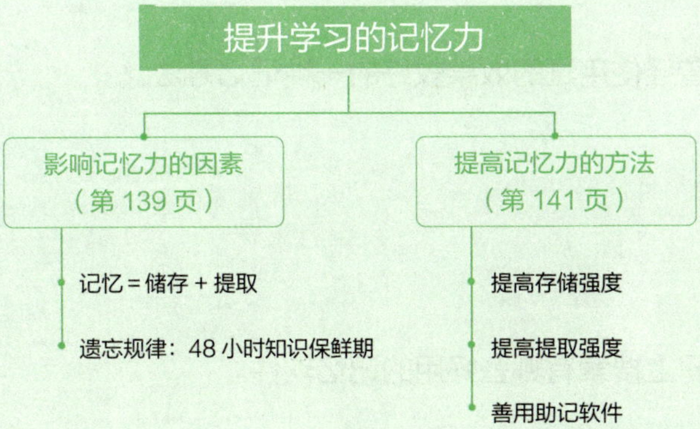

阅读案例，并回答问题。

樊登介绍自己在中学读书时，常被班上的同学“围攻”，说他没有努力，为什么成绩还那么好。其实，他是在用科学的方法去努力。他在大型的考试前不会像其他同学一样反复看书或记笔记，而是先拿出一张大白纸，把这学期的重点内容先默写一遍，每一门课程用一张纸回顾，实在想不起来就再使劲想一会儿，然后查书，将一学期的知识图谱补充完整。

思考：

1. 樊登的学习方法是什么？对你的学习有什么启发？

2. 分享你曾经使用过的效果较好的一种记忆方法。

3. 在互联网上搜索有哪些好用的记忆软件。

一、影响记忆力的因素

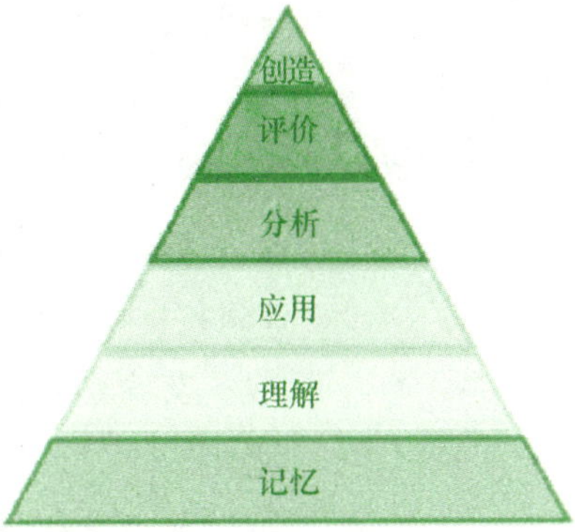

记忆是科学之母，在希腊神话中，记忆被拟人为记忆女神，命名为摩涅莫辛涅，是文艺女神缪斯的母亲，所有艺术与科学都由她孕育而生。记忆被认为是所有心灵和思维的基础。没有记忆，思维的运作也会消失，逻辑、艺术、科学都不可能存在。在教育学家布鲁姆的认知金字塔模型中，记忆是最基础的，人的思考大多是在检索记忆，在利用记忆解决问题，记忆承担了大部分“重活”。那记忆到底包含什么？是否有规律可循？

（一）记忆 = 储存 + 提取

人的记忆有两个强度：一是不会随时间减弱的存储强度，二是随时间慢慢减弱的提取强度。简单地说，记忆 = 记 + 忆，记是存储，忆是提取。相应地，遗忘也包含两个部分：是没储存，没记住？还是不能提取，忘得快？

我们每天接触大量的信息，大多都是被忽略的，剩下的就是自己主动希望记住的。当我们仔细思考过一件事，可能会再度想起它，所以被储存起来。记忆不是记住我们想记的，或尝试记住的，而是我们思考的事情——记忆是思考的残留物。例如，我们日常生活中经常使用一元硬币，无数次重复看到它，但能否想起一元硬币正面是什么图案？多次重复看到或者有想记住的愿望都不够，还需要投入注意力，思考什么就会记住什么。所以，思考学习内容中的意义有利于提高存储强度。

> 根据记忆力理论模型，分析案例中樊登的学习方法为什么有效？

记忆除了储存，还需要提取。我们会忘记一些事情，是因为提取出了问题。提取和复习次数、提取难度密切相关，如果没有复习，提取强度也会降低。提取的时候越艰难，越不容易被遗忘。所以，轻松式的学习效率较低，需要去主动回想或做一些自测等。

（二）遗忘规律：48 小时知识保鲜期

遗忘是记忆中的提取部分，德国心理学家艾宾浩斯于 1879—1884 年对遗忘进行研究，得出了艾宾浩斯遗忘曲线。凭借这条曲线，艾宾浩斯成为发现记忆遗忘规律的第一人，它揭示了哪些内容呢？

如下图所示，最左侧的曲线代表从记忆 100% 开始下降，经过 48 小时，即两天之后，知识从完全记住到只剩下 30%；然后从最左侧的第二个节点即 48 小时内再进行复习，知识的记忆又恢复到 100%，但一放松，又开始滑落，需要第三次复习，形成了“遗忘—记忆—再遗忘”的循环。

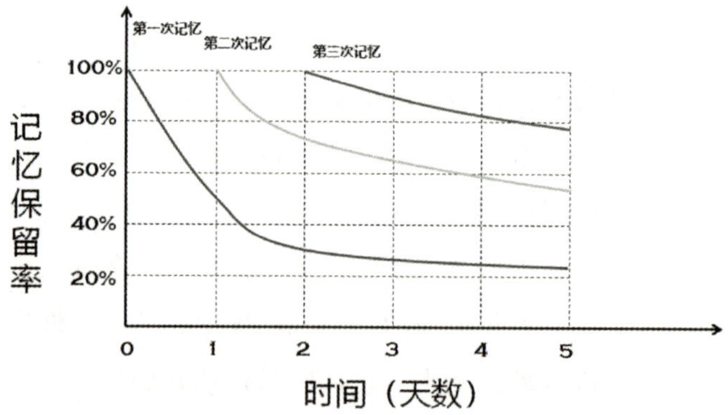

复习的最佳时间是记忆后的 1 ~ 24 小时，最晚不超过 2 天，知识记忆的保鲜期是 48 小时。同时观察曲线，经过多次间断复习之后，遗忘曲线下降速度也变缓了，表示记得更牢，逐渐摆脱了“遗忘—记忆—再遗忘”的循环，进入稳定的长时记忆阶段。

艾宾浩斯指出，遗忘速度最快的区段是 20 分钟、1 小时、24 小时，遗忘的速度是先快后慢，遗忘的内容是先多后少。由此得出 7 次复习时段，即学习过后的第 20 分钟、1 小时、2 小时、一天、一星期、一个月和三个月，做到7次复习巩固可终身不忘。

二、提高记忆力的方法

我们了解了记忆力理论模型，学习了记忆由存储和提取两部分构成，分析了遗忘曲线。那如何利用记忆的理论和规律，提升自己的记忆力呢？下面将从记忆的两部分构成进行介绍，即加强存储和提取两个角度来解读。

（一）提高存储强度

记忆是思考的残留物，多次重复看到或者有想记住的愿望都不够，还需要投入注意力，思考什么就会记住什么。所以，思考学习内容的意义有利于提高记忆的存储强度。对新知识思考越多，下功夫越多，越能牢牢掌握新知识。大量研究也证明，正是感觉学习吃力，记忆才能更长久。

我们在阅读一段文字或听完一堂课后，可以自己设计一些自测题目，能巩固所学的知识，强化记忆。在学习新知识时，努力“缝合知识”，即用自己的语言表达出来，用已知去解释新知识，把新知“缝合”到已有的知识体系中，甚至达到教授他人的水平。在将要看一本书之前，对照书的目录，思考自己将会怎么写，然后再和作者的说法进行对照。

在别人教给我们答案前，可尝试自己先去解决，这样记忆效果更佳，即使犯点错误也没有关系。孔子也说，要等到学生实在弄不明白的时候，才去开导他。这其实是让学习者发挥自己的主观能动性，主动思考，探寻答案，这样能强化记忆。

在学习一章内容后或阅读一段材料后，可以尝试用思维导图的形式画出来。假设在限定时间内，需要6人一起合作共同完成历史课程的复习，可以每人负责一个章节，每一章节用“记忆树”的方法画出来，用图画、不同颜色的线条画出知识之间的关联性。记忆树实际就是思维导图，用视觉图像形式复盘知识，是对知识进行深加工，可以强化知识的存储。

无论是学知识前自己先主动思考，探索解决方案，在学习时进行深加工，将新知识缝合到自己原有的知识体系中，还是学完之后马上进行自测，画出思维导图进行知识复盘等，这些都是对新知识多方位的“深加工”。对新知识的思考越多，加工越多，越能牢牢掌握新知识。

以上针对的是有意义的材料，但有些材料无法进行逻辑思考，只能进行机械记忆，如元素周期表、九九乘法口诀表等，可以采用一些记忆小技巧。

例 1：秦灭六国，六国先后灭亡的顺序是：韩、赵、魏、楚、燕、齐。如何记忆呢？“喊赵薇去演齐秦！”这使用的就是联想法。

例 2：记忆中国 34 个省级行政区，有网友用歌曲“小苹果”的曲调唱出来，这是唱歌法，即用熟悉的曲调将知识唱出来。

例 3：记忆 26 个英文字母的字形，可以让孩子做与字母形状类似的身体动作，将行为和语言进行一一对应，这种记忆方法称为全身反应法。

> 分享你使用过的记忆小技巧。

类似的记忆小技巧还有很多，可以去搜索相关的内容，并尝试应用到实际的学习中。

（二）提高提取强度

除了加强知识存储的牢固度，还要加强知识的提取强度，战胜遗忘。如何应用科学记忆规律来战胜遗忘呢？

1. 间断重复，不一次性突击

根据艾宾浩斯遗忘曲线，遗忘速度最快的区段是 20 分钟、1 小时、24 小时，知识保鲜期是 48 小时，遗忘的速度是先快后慢，遗忘的内容是先多后少。所以，一次背诵不能“一劳永逸”，需要在不同的关键时间节点进行间断重复。一次复习 3 小时不如每次复习 1 小时效果好，会出现“1+1+1>3”的情况。

2. 主动回想

复习时反复阅读课本的效果不佳，而且容易产生一种错觉，以为自己都掌握了。实际上，这种复习只是眼睛从课本上扫过，并没有足够主动地学习和回想。在复习时可设计一些题目，然后主动回想答案，或者拿出一张大白纸，在纸上进行知识回顾。实在想不起来就再想一会儿，然后查书，将知识图谱补充完整。通过主动检索知识，给大脑以挑战，从而更牢固地记忆知识。太轻松的复习是无效的。

3. 多感官重复

多遍单一的重复会让大脑觉得无聊和迟钝，可以转换不同的感官进行复习。例如，可采用与他人讨论，在互动中实现复习；或者通过肢体运动进行复习；也可以把新知识讲给他人听，或者将新知识应用到现实生活中等，这些都是进行多感官重复的方法。

（三）善用助记软件

根据艾宾浩斯遗忘曲线，有 7 次重要的复习节点：学习过后的 20 分钟、1 小时、2 小时、一天、一星期、一个月和三个月。一位同学需要学习 24 个单元的知识，根据艾宾浩斯遗忘曲线做了以 15 天为最长复习周期的计划，如下图所示。用手动的方式制作复习计划表，烦琐而且没有必要。有人设计了记忆软件来专门计算复习间隔，如 Fresh Memory、Anki 等。下面以 Anki 为例，介绍该类助记软件的使用。

	1	2	3	4	5	6	7	8	9
学习	list1-2	list3-4	list5-6	list7-8	list9-10	list11-12	list13-14	list15-16	list17-18
复习	list1-2	list1-2	list3-4	list1-2	list3-4	list5-6	list7-8	list1-2	list3-4
		list3-4	list5-6	list5-6	list7-8	list9-10	list11-12	list9-10	list11-12
				list7-8	list9-10	list11-12	list13-14	list13-14	list15-16
								list15-16	list17-18
	10	11	12	13	14	15	16	17	18
学习	list19-20	list21-22	list23-24						
复习	list5-6	list7-8	list9-10	list11-12	list13-14	list1-2	list3-4	list5-6	list7-8
	list13-14	list15-16	list17-18	list19-20	list21-22	list15-16	list17-18	list19-20	list21-22
	list17-18	list19-20	list21-22	list23-24					
	list19-20	list21-22	list23-24						
	19	20	21	22	23	24	25	26	
学习									
复习	list9-10	list11-12	list13-14	list15-16	list17-18	list19-20	list21-22	list23-24	
	list23-24								

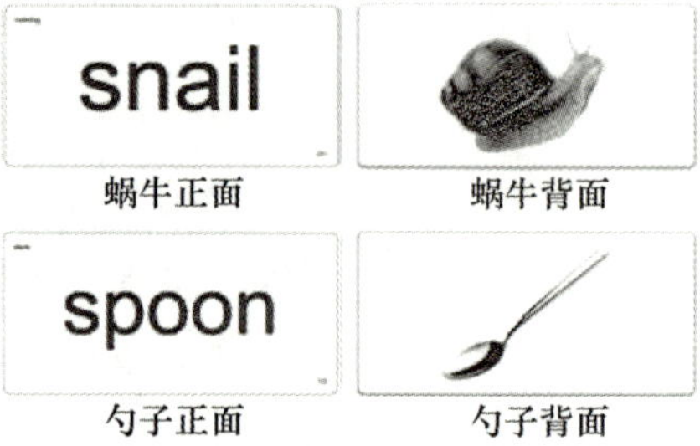

Anki在日语中是记忆的意思，可以在计算机端和手机端运行。它类似于常见的字卡，如右图所示，正面是英文，背面是汉语解释和图片，通过看其中一面去主动回想答案。Anki实际上是电子化的闪卡，是结合遗忘规律进行科学复习的系统。具体如何使用Anki软件呢？

第一步，在手机应用市场下载Anki软件，安装、注册、登录。通过计算机浏览器登入自己的账号会同步卡片内容。

第二步，点击右下角“+”→创建牌组→输入名称（如学习方法论）→点击确定。确认“笔记类型”是“Basic”，然后在“Front”位置输入问题，在“Back”位置输入答案，点击右上角对号，就完成输入了。

第三步，输入完成后，返回主界面，点击牌组开始学习，根据自己对题目的反应速度选择“简单”“一般”“重来”，软件会根据你掌握的情况估算再次见到该问题的时间，Anki软件会自动科学地安排复习任务。牌面是先出现问题，然后主动回想答案，而不是问题和答案同时出现，通过这种方式检测对知识的掌握程度，加深记忆。

Anki软件特别适合碎片式复习，将复习任务化整为零、化难为易。在碎片化时间里先看一眼题目，然后回想答案。等车、等人、等电梯时都可以进行复习，积少成多，把复习这个艰巨的任务在生活中轻松化解。

在本课中学习了影响记忆力的因素和艾宾浩斯的遗忘规律，也学习了如何利用助记软件帮助我们更好地掌握知识。当然，比起技术手段，更重要的还是我们主动学习的意愿。

活动训练

1. 完成手机端和计算机端的 Anki 软件安装，试着将遗忘规律制作为两张 Anki 卡片，试着刷一次 Anki。

2. 分享主题研究的内容及成果。

（1）整理自己主题研究的内容，将重点内容与成果进行梳理，并制作 Anki 卡。

（2）本组内分享自己的主题研究内容与成果，并选一名代表向全班展示。

（3）在开展主题研究的过程中，你是如何提升学习效率的？你采取了哪些方法？有哪些成效？

（4）针对你的读后感在班级中做一次口头分享，并写出你对自己主题研究的评价，写出最需要提升的是哪个部分。

<table>
<tr><th colspan="3">学习任务：主题研究开展与分享</th><th>自我评价</th></tr>
<tr><td rowspan="7">评价指标</td><td rowspan="4">学习效率提升方法的学习与应用（40%）</td><td>信息搜索方法应用（10 分）</td><td></td></tr>
<tr><td>碎片化知识管理体系搭建（10 分）</td><td></td></tr>
<tr><td>深度学习体验（10 分）</td><td></td></tr>
<tr><td>记忆方法与工具的应用（10 分）</td><td></td></tr>
<tr><td rowspan="2">主题研究内容与成果（40%）</td><td>内容丰富，紧扣主题（20 分）</td><td></td></tr>
<tr><td>结论准确，成果有参考价值（20 分）</td><td></td></tr>
<tr><td>组内、班内分享效果（20%）</td><td>分享过程表达清晰，同学认同度高（20 分）</td><td></td></tr>
</table>

最需要提升的是：

[redacted]

知识巩固

1. 记忆力理论模型是什么？
2. 艾宾浩斯的遗忘规律包含哪些内容？
3. 根据艾宾浩斯遗忘曲线，有 7 次重要的复习节点是什么？
4. 如何提高知识储存强度？
5. 如何战胜遗忘？
6. 你在使用 Anki 软件时有哪些感想？